Evolução da idéia sobre
DEUS

Solicite nosso catálogo completo, com mais de 300 títulos, onde você encontra as melhores opções do bom livro espírita: literatura infantojuvenil, contos, obras biográficas e de autoajuda, mensagens espirituais, romances palpitantes, estudos doutrinários, obras básicas de Allan Kardec, e mais os esclarecedores cursos e estudos para aplicação no centro espírita – iniciação, mediunidade, reuniões mediúnicas, oratória, desobsessão, fluidos e passes.

E caso não encontre os nossos livros na livraria de sua preferência, solicite o endereço de nosso distribuidor mais próximo de você.

Edição e distribuição

EDITORA EME
Caixa Postal 1820 – CEP 13360-000 – Capivari – SP
Telefones: (19) 3491-7000/3491-5449
vendas@editoraeme.com.br – www.editoraeme.com.br

Francisco Cajazeiras

Evolução da idéia sobre
DEUS

Capivari-SP
– 2013 –

© 1998 Francisco Cajazeiras

Os direitos autorais desta obra são de exclusividade do autor.

A Editora EME mantém o Centro Espírita "Mensagem de Esperança", colabora na manutenção da Comunidade Psicossomática Nova Consciência (clínica masculina para tratamento da dependência química), e patrocina, junto com outras empresas, a Central de Educação e Atendimento da Criança (Casa da Criança), em Capivari-SP.

3ª reimpressão – junho/2013 – Do 3.301 ao 3.800 exemplares

CAPA | Nori Figueiredo / Matheus Camargo
DIAGRAMAÇÃO | Cíntia Camargo
REVISÃO | Ariovaldo Cavazan

Ficha catalográfica elaborada na editora

Cajazeiras, Francisco, 1954-
    Evolução da ideia sobre Deus / Francisco Cajazeiras – 3ª reimp. jun. 2013 - Capivari, SP : Editora EME.
    136 p.

    1ª edição : nov. 1998
    ISBN 978-85-7353-064-5

    1. Deus, evolução da ideia sobre. 2. Espiritismo – Religião.
                                                        CDD 133.9

Ao Professor José Herculano Pires

Com quem aprendi a amar, respeitar e preservar a Codificação Espírita, bem como a figura digna e nobre de Allan Kardec, dedico este singelo trabalho com o carinho, o apreço e a admiração do aluno eternamente grato.

Sumário

●

Prefácio (Ariovaldo Cavarzan) 11

Introdução 15

01.As Religiões Primitivas 25

I) O Totemismo 27

II) O Animismo 31

III) O Politeísmo 34

IV) Moisés, Freud e o Monoteísmo 63

02. As Religiões Atéias 39

I) O Jainismo e o Budismo 40

II) O Confucionismo e o Taoísmo 42

03.O Monoteísmo 45

I) Os Judeus e o Monoteísmo 46

II) Ensaio Monoteísta no Antigo Egito 55

III) Síntese Evolutiva do Monoteísmo 61

04.Deus e os Cientistas 67

05.Visão Espírita de Deus 83

I)Existe uma Teologia Espírita? 87

II) Elementos de Teologia Espírita 92

06.Conclusão .... .125

Agradecendo 131

Bibliografia 135

Prefácio

Uma retrospectiva histórica da crença na existência de um Ser Supremo, criador de todas as coisas, fundamentada na razão. Assim poderíamos sintetizar este livro e suas interessantes noções de ciência, filosofia e religião, construídas exatamente a partir do mesmo tripé em que se estruturou a doutrina espírita.

Mesmo nas concepções pré-monoteístas, estudos antropológicos e sociológicos sempre apontaram uma crença arraigada na existência de um ser transcendental e todo poderoso, capaz de interferir e modificar, garantir e proteger a vida de povos e indivíduos.

Faltava estabelecer um elo entre essas formas elementares de raciocínio, o senso comum do homem moderno, submetido aos apelos materialistas da sociedade, e o bom senso da fé aliada à razão, modernamente preconizada até mesmo por religiões tradicionalmente fechadas em seus dogmas e preceitos de infalibilidade.

A partir da constatação da existência dessa vontade superior e inicial, importa refletir, da maneira mais lógica possível, sobre o porquê de nossa presença neste mundo de provas e expiações, buscando (re)construir dentro de

12 Evolução...

nós a noção fundamental da existência desse Ser e de sua soberana Justiça, definido pelo Espírito de Verdade como *"Inteligência suprema, causa primária de todas as coisas"*[1].

Viajores da imortalidade, viemos buscar neste planeta a realização de conquistas no campo do aprendizado espiritual, utilizando como ferramenta de trabalho o corpo físico e tendo como recompensa a domesticação gradativa de nossos impulsos menos felizes, num roteiro de expectativas, desafios e esperanças que, ao final, nos remeterá à conquista da paz.

É justamente nesse contexto de vida material e espiritual que se encaixa a necessidade da fé raciocinada, preconizada por Allan Kardec, aquela embasada na firme certeza da existência de DEUS, na imortalidade da alma, na comunicabilidade entre os planos físico e espiritual e na reencarnação como oportunidade de exercício do livre-arbítrio, durante a grande jornada evolutiva.

Nesse sentido, não surpreende aos espíritas que, modernamente, outras religiões comecem a buscar conciliação entre fé e razão, para fortalecimento de suas bases doutrinárias, assunto do qual a própria ciência materialista um dia haverá de ocupar-se.

---

[1] KARDEC, Allan. **O Livro dos Espíritos. Resposta à questão de nº 1. Editora EME, 1ª ed. Capivari (SP), novembro de 1996.**

Francisco Cajazeiras 13

É exatamente isso que o Espiritismo vem fazendo, a partir da segunda metade do século passado, ao ensinar que *"Fé inabalável é somente aquela que pode encarar a razão, face a face, em todas as épocas da humanidade"* [2].

Esse desejável encontro entre crença e raciocínio, resultará sempre em benefícios incalculáveis ao conhecimento da essência espiritual de todos os seres, ao consolidar de forma segura e definitiva a idéia da existência de DEUS.

Este novo e magnífico trabalho do Dr. Cajazeiras nos chega em momento mais que oportuno. Além do conhecimento científico, filosófico e religioso que nos proporciona, vem preencher uma lacuna na bibliografia espírita, necessitada justamente do interessante "gancho" histórico aqui revelado, mostrando-nos que acreditar e confiar no Pai Supremo, antes de constituir simples misticismo ou outra forma inconsciente de manifestação religiosa, faz parte da essência espiritual de cada um de nós.

Parabenizo o autor, médico e professor universitário, escritor e orador espírita, por mais esta brilhante contribuição ao melhor entendimento do Espiritismo, cuja bibliografia já conta com outro trabalho seu, o excelente

[2] **KARDEC, Allan. O Evangelho Segundo o Espiritismo. Editora EME.**

14   Evolução...

livro Bioética[3], no qual faz importantes reflexões sobre a vida material e suas implicações biológicas, éticas e morais, analisando o homem em sua dimensão espiritual.

Ariovaldo Cavarzan*

*Funcionário aposentado do Banespa, escritor e revisor espírita, autor dos livros: Espiritismo e Vida Eterna, O Regresso - O Retorno à Vida Espiritual Segundo o Espiritismo e Manual e Dicionário Básico de Espiritismo, todos em co-autoria com Geziel Andrade, editados pela EME.

[3] CAJAZEIRAS, Francisco de Assis Carvalho, 1ª ed. Mnêmio Túlio, São Paulo, agosto de 1998.

Introdução

●

Vivemos dias difíceis na face terrena: fome, guerras, catástrofes, drogas, sexo desregrado, assaltos, latrocínio, homicídios, suicídios, AIDS, insegurança...

Parece que estamos habitando o interior de um caldeirão aquecido a temperaturas superiores às do ponto de ebulição do psiquismo humano.

A troca de valores sociais é fato incontestável, ao ponto de tornar acanhadas muitas das pessoas que demonstram moderado comportamento em certas atividades, receosas de se prestarem à gozação de toda a

16 Evolução...

sorte entre os seus pares. Somente a título de ilustração: é cômica a forma com que nos enquadram as pessoas em suas câmeras oculares e psíquicas, quando afirmamos, por ocasião de um encontro social qualquer, ser abstêmios, ou seja, não ingerir tipo algum de bebida alcoólica.

A um amigo meu, por não ser afeito ao uso dos tais alcoólicos, perguntaram, certa vez:

— *Você é alcoólatra?!... Já que não pode chegar perto de bebidas alcoólicas?!...*

Vejam a que ponto chegamos! Pelo visto, aos olhos da sociedade contemporânea, os errados somos nós, os que não necessitamos fazer uso da droga etílica para nos mantermos alegres nos encontros sociais, enquanto que o fazer uso dela é uma prática considerada natural e até *"saudável"*(?)!

A família, por sua vez, atravessa severa crise e são muitos os casais que rompem os vínculos conjugais sem motivo algum, em nada preocupados com os filhos e mesmo apostando barato na sua adaptação à vida, sem o referencial de pai ou de mãe, o que indubitavelmente ocorrerá. Não porém, sem profundas cicatrizes internas, extremamente sintomáticas, também geradoras de recrudescentes e dolorosas úlceras, invariavelmente ativas — de maneira visível ou não — na vida adulta.

O uso de drogas psicoativas, de maneira crônica e desordenada, resultando em dependência química e deterioração física e mental e, desse modo, levando a desencarnações precoces, bem como ao aumento da criminalidade e dos acidentes diversos, é a mais triste realidade em todo o mundo e o que é pior, em franca ascensão, constituindo-se em sério problema social e de saúde pública. A este respeito, são conclusivas as estatísticas norte-americanas, mostrando que cerca de 65 milhões de cidadãos daquele país já fizeram uso de maconha, enquanto 25 milhões já experimentaram a cocaína e isso tudo incidindo em adolescentes, jovens e adultos.

A violência, o crescente número de suicídios, o desrespeito pelos direitos alheios, a irresponsabilidade ante a vida, o desespero e os desregramentos em geral fazem-se cada vez mais presentes nos noticiários da imprensa em todos os recantos planetários, seja no primeiro ou no terceiro mundos...

Mas, por que razão se nos afigura todo esse descalabro social?

Múltiplas podem ser as causas. Não seriam todas elas o reflexo ou a decorrência inexorável de uma causa maior: **a falta de Deus em cada um?**

É bem verdade que, se realizarmos uma pesquisa em nosso meio, encontraremos estatísticas que apontarão, em seus maiores índices, um *"sim"* para o quesito: — *"Você crê em Deus?"*. Da mesma forma que, a despeito de considerável redução percentual, boa parte da população brasileira afirmar-se-á *"católica"*. Ora, grande parte desse grupo somente o é pela ritualização dos sacramentos em determinados instantes da sua vida e,

18   Evolução...

ainda assim, pressionada, do ponto de vista sócio-cultural, pelos que se conduzem tradicionalmente em seus rituais. Outra parcela é *"assistidora"* de missas e... quase mais nada que isso.

Crê-se em Deus por aparência, por tradição, por medo atávico de ser considerado ateu e **moralmente excomungado**, queimado nas relações sociais; resquícios, ainda, da *"Santa Inquisição"*, de nefanda lembrança; por medo de solidão e segregação, por populismo ou simplesmente pelo receio de ser diferente...

O que se tem observado, porém, é que a crença propalada não influencia — como se deveria esperar — o indivíduo nas suas decisões; não integra os parâmetros utilizados na análise de seu comportamento em grupo, enfim, não o moraliza e não é levada em conta, pelo menos enquanto se está bem de vida e com saúde!...

Sendo assim, essa pseudocrença em Deus funciona mesmo, na prática, é como descrença, sendo um dos itens contribuintes para o afrouxamento da moral e dos costumes. Podemos até afirmar constituir-se em agravante, posto não se conhecer claramente a verdade sobre aquela postura anímica. E por desconhecer-se a causa mais profunda, não se tomam as devidas providências...

Sob essa análise, no que concerne à crença no Ser Supremo, podemos classificar a Humanidade em dois grupos:

a) os **materialistas**, negadores contumazes de qualquer probabilidade de uma sobrevivência após a morte física, e defensores inflexíveis de *"um acaso causador e inteligente"*. Apegam-se às vezes (e quase sempre), dogmaticamente, às teorias científicas vigentes e não aceitam, sob nenhuma hipótese, pôr a questão espiritual no rol das suas observações experimentais. Na realidade, ateus totalmente convictos são muito poucos, sendo, em sua maioria, mais por sistemática, por vaidade cultural, por modismo *"démodé"* ou, ainda, por não se darem ao trabalho de observação dos fenômenos psíquicos e das fortes evidências da existência do espírito e de Deus, desconectados dos seus preconceitos. Esses que assim se posicionam são encontrados notadamente entre os que se dedicam ao estudo da Ciência e da Filosofia contemporâneas.

Atualmente, porém, após a comprovação da realidade **port-mortem** pelo Espiritismo e pelas ciências que se lhe seguiram no estudo dos fenômenos psíquicos, firma cada vez mais atestado de ignorante, dogmático ou fanático, todo aquele que nega sumariamente a realidade da fenomenologia espírita e, por extensão, a realidade do Espírito imortal e do seu Criador.

Aliás, os conhecimentos da própria Ciência acadêmica, em áreas, que vão da Física à Psicologia, cada vez mais se aproximam dos postulados revelados pelos Espíritos a Allan Kardec.

b) os **espiritualistas**, conjunto de todos os indivíduos que crêem em alguma coisa sobrevivente ao túmulo, seja como for; podem, por sua vez, ser subgrupados como sugerido na seqüência abaixo:

20 Evolução...

b_1. os que crêem fanaticamente e evitam o confronto dialético, indispensável ao bom fluxo do processo evolutivo do conhecimento;

b_2. os que têm uma crença racional e defendem de maneira lógica, mas tolerante, sua posição;

b_3. os que se dizem crentes mas agem, diante da vida, paradoxalmente à sua pretensa posição.

Não tenho dúvidas quanto ao crescimento numérico daqueles que se encontram classificados como *"espiritualistas"* nos itens *"b_1"* e *"b_2"*; mas, independente desse fato, observa-se, ainda, uma grande maioria perfazendo a lista dos indivíduos que, rigorosamente, são materialistas disfarçados de espiritualistas. Bastante acompanhar-lhes os interesses inteiramente materializados e materializantes, sob todos os aspectos: profissionais, familiares, sociais, existenciais...

Em sua escalada evolutiva, ao hipertrofiar conhecimentos e, de certo modo, ter acesso ao controle parcial da natureza, o homem embeveceu-se e anarcisou-se. Conseqüentemente, pela disparidade do seu tecnicismo e da sua intelectualidade com o seu pequeno progresso moral e ético, além da carência de respaldo e amparo a esse seu saber junto às religiões convencionadas (ditas sociais na classificação Johann Heinrich Pestalozzi[1]) —

---

[1] (1746 - 1827). Pedagogo suíço que revolucionou a Educação, valorizando a criança e proporcionando-lhe mais atenção. Notabilizou-se, também, pelo trabalho junto às crianças pobres. Mestre de Denizard Rivail — Allan Kardec —, em sua fase de estudos na adolescência. Classificava as religiões em: "primitivas, sociais e morais".

e mesmo, ao contrário, com o domínio de uma estrutura religiosa mística, excessivamente dogmatizada e castradora do progresso científico — cristalizou-se o homem industrial em doutrinas que elevam a nadificação do ser, em atitude francamente antinatural, visto que ele hospedara até então, em seu íntimo, instintivamente, *"a convicção de que nem tudo acaba com a vida biológica"*[2]. Vincula-se o materialismo a essa "sintomatologia" da imaturidade humana. Acerca disso, o Prof. J. Herculano Pires[3] assim se expressa em seu livro *"Concepção Existencial de Deus"*[4]:

"O materialismo não passa de uma crise de adolescência da Humanidade".

O Espiritismo, ramo do espiritualismo, vem precisamente trazer a lume, de forma exuberante e racional, a nossa verdadeira condição de *Espíritos imortais*, carentes da internação no ninho de carne para mais facilmente despertar potencialidades entorpecidas pela nossa primariedade evolutiva, potencialidades essas herdadas do Criador e pelas quais a Ele nos assemelhamos.

O Espiritismo prova a imortalidade da alma com a comunicabilidade dos Espíritos, trazendo para o mundo formal — e de inúmeras maneiras — as evidências

---

[2] **KARDEC, Allan** *in* **"O Livro dos Espíritos", questão 06.**

[3] (1914 - 1979) **Filósofo, escritor, poeta, jornalista e ilustre espírita brasileiro, que conforme afirmou Emmanuel, Espírito protetor de Chico Xavier, foi** *"o metro que melhor mediu Kardec".*

[4] **Editora Paidéia.**

22 Evolução...

incontestáveis dessa possibilidade de diálogo com os que já ultrapassaram os portais da morte.

Mais recentemente, o próprio conhecimento científico (notadamente na Física, a mesma que foi usada para alicerçar o materialismo nos três últimos séculos) vem caminhando a passos largos em direção ao terreno extrafísico e, por conseguinte, mais e mais se aproximando do mundo espiritual. É o que podemos concluir a partir de suas descobertas mais recentes, dentre as quais citaremos:

· *"A matéria é um imenso vazio"* (Ernest Rutherford[5]).

· Matéria é energia coagulada (Albert Einstein[6]).

· A descoberta da antimatéria e sua inter-relação com a matéria, sem que haja necessariamente um auto-aniquilamento.

· A constatação de um corpo fluídico (*"energético"*) existente no homem, individualizado e modelador do corpo somático (que lhe é cópia imperfeita), denominado pelos russos de "corpo bioplásmico" e de *"psiplasma"*, pelos norte-americanos.

Diante de tudo isso, seria o caso de afirmar-se em uníssono com esse grande cientista contemporâneo, Albert

---

[5] **(1871 - 1937) Físico inglês, com trabalhos sobre radioatividade, além de importante participação no entendimento do atual modelo atômico.**
[6] **(1879 - 1955) Cientista alemão, de origem judia, naturalizado norte-americano, criador da "Teoria da Relatividade" e da célebre fórmula E=mc2 (E=energia; m=massa; c=velocidade da luz).**

Einstein (e que bela companhia!):
"O materialismo morreu de asfixia, por falta de matéria".

Ou com Paulo de Tarso, o destemido Apóstolo dos Gentios:
"Morte, onde está tua vitória? Morte, onde está teu aguilhão?"[7].

Há, por outro lado, infelizmente, acentuadas divergências na forma de entender a Divindade Criadora, por parte dos diversos grupos espiritualistas, com criação de modelos que vão desde o antropomorfismo ao deus metafísico — às vezes, omitido, outras desconsiderado — das denominadas religiões atéias, como o *Jainismo* e o *Budismo*.

Obviamente que cada interpretação relaciona-se à sociedade, ao agrupamento humano, ao contexto histórico-cultural, visto ser Deus imutável. Ou em outras palavras, é o homem que paulatinamente vai se capacitando a melhor entendê-lo. Daí, as divergências observadas nessa sua abordagem humana.

Sobre Deus, a literatura espírita apresenta abundantes estudos e reflexões, sendo que o ineditismo do presente ensaio dá-se pela sua abordagem histórica e antropológica do pensamento e da idéia sobre Deus.

Nem sempre, porém, é obedecida a ordem cronológica e exata dos fatos, tendo em vista que — como

---

[7] **I Coríntios, 15:55.**

veremos — mesmo em um período definido, usualmente vamos encontrar povos em diferentes estágios de desenvolvimento cultural e anímico.

É possível que, em alguns momentos, possa um ou outro leitor concluir pela regressão evolutiva dos povos, o que não corresponde à realidade, pois, de outra forma, é imprescindível atentar-se para o fato de o progresso anímico efetuar-se segundo uma forma espiralada e não em linha reta, além de ciclicamente haver radicais modificações da população de Espíritos reencarnados em determinadas circunscrições geopolíticas.

Receba em seu endereço, gratuitamente, a Revista de Livros EME, o Jornal Leitor EME, prospectos, notícias dos lançamentos e marca-páginas com mensagens, preenchendo o formulário abaixo e mandando-nos através de:

Carta: Cx. Postal, 1820 - 13360-000 - Capivari-SP
Fone/fax: (19) 3491-7000 / 3491-5449,
E-mail: atendimento@editoraeme.com.br □ **_Site:_** www.editoraeme.com.br

- NOME:_____
- ENDEREÇO:_____
- CIDADE/EST./CEP:_____
- FONE/FAX:_____
- E-MAIL:_____

Fale conosco!!!

Queremos saber sua opinião sobre o livro: _____

_____ (favor mencionar o nome do livro)

_____

_____

_____

_____

_____

_____

_____

_____

_____

1
As RELIGIÕES PRIMITIVAS

A crença na existência de um ser supremo remonta às mais longínquas eras, desde o momento em que a natureza assistiu à transmutação do *princípio inteligente* em *Espírito*, após demorada rota ascensional pelos reinos inferiores dessa mesma natureza, pela aquisição do pensamento contínuo e da racionalidade.

Essa crença, ademais, é constatada pelas mais variadas pesquisas antropológicas.

26 Evolução...

É certo que havia grande dificuldade na interpretação do Criador por parte daqueles homens primitivos, o que, de certo modo, fazia-os relacionar e confundir as forças da natureza com a própria Divindade, em uma transferência de identificação da causa para o efeito. A adoração fazia-se com a utilização de intermediários objetivos, palpáveis ou perceptíveis, como acidentes geográficos (rochas, montanhas, rios), fenômenos meteorológicos (trovão, chuva), astros ou mesmo outros seres vivos (plantas, animais).

As crenças eram, em verdade, uma resposta intuitiva ou mesmo mediúnica ostensiva à carência daquelas criaturas e às suas perquirições ao desconhecido.

Essas manifestações mais primitivas da religiosidade humana foram, em seu estágio mais rudimentar, e ao sabor do conhecimento atual, denominadas de *Totemismo*.

A respeito deste patamar religioso, Félicien Challaye[8], citando Émile Durkheim[9], alerta-nos:

"Estudando o totemismo não mais em suas causas, mas em suas conseqüências, Durkheim pensa demonstrar que esta religião primitiva exerceu vasta e profunda influência sobre a vida intelectual, moral, social e religiosa da humanidade."

---

[8] **CHALLAYE, Félicien. — "As Grandes Religiões", trad. Alcântara Silveira, pág. 26. São Paulo: IBRASA, 1981.**
[9] **(1858 - 1917) Um dos fundadores da Escola Sociológica Francesa. Submete os fatos morais aos sociais.**

I) O TOTEMISMO
Compõe-se de três elementos:

A) Os Totens

São os seres ou coisas tornados sagrados pelo homem, para representação material das forças responsáveis pela criação e manutenção do mundo. É uma maneira de ter o Sagrado *"à mão"* para adorá-lo.

De acordo com o ser ou objeto intermediário ou motivo de adoração, podemos falar em:

a) Litolatria — adoração de minerais ou acidentes geográficos.

b) Pirolatria — adoração das manifestações ígneas, do fogo.

c) Fitolatria — adoração de certas plantas, flores ou bosques.

d) Zoolatria — adoração de animais de diversas espécies.

e) Antropolatria — adoração de certas pessoas consideradas como intermediárias de Deus e, às vezes, como fazendo parte da corte do Criador. Conseqüentemente, tidas por deuses "vivos", como era o caso dos faraós e imperadores romanos. De aparecimento mais tardio, portanto.

É importante salientar que cada clã adotava o seu próprio totem, com o qual se identificava e, por vezes, até procurava aparentar semelhança, usando de artifícios vários, como por exemplo o corte de cabelos, pinturas no

28 Evolução...

corpo, etc.

A adoção de um mesmo totem é o bastante para criar nos elementos de um ou mais grupos um sentido de familiaridade, independentemente do fato de haver entre eles qualquer relação de consangüinidade, mas com todas as implicações a que nos acostumamos em sua decorrência: maior respeito, mais ampla solidariedade, interdição de uniões esponsalícias, etc.

B) Os Tabus
São proibições impostas objetivando demarcar a diferença entre o divino e o profano. **Constituem-se na estruturação do culto externo e de seus rituais.** Pode-se mesmo afirmar que os primeiros códigos legais têm nos tabus os seus precursores diretos.

Havia uma grande variabilidade de proibições, mas, de princípio, a proibição primeira era a de preservar o representante totêmico — não o utilizando nem mesmo como alimento nos casos de vegetais e animais.

Nos cerimoniais, no entanto, todos os membros tinham a permissão para banquetear-se com sua essência sagrada.

Atente-se aqui, para a notória manutenção desta prática, em nossos dias, no *"mistério da consubstanciação"*, no rito da comunhão, quando os profitentes se alimentam simbolicamente do corpo e do sangue de Jesus (alguns acreditam estarem indiscutivelmente diante do seu corpo e do seu sangue, obtidos em uma transformação mágica pelo sacerdote e o ritual da cerimônia). Vê-se, assim, a metamorfose processada no Jesus humano, conduzindo-o à condição de um totem, confundindo-o, daí, com o próprio Criador. Tudo como resultado da mitificação de Jesus. Há, no caso, a permuta do Jesus humano pelo Jesus mito.

C) O Mana

Também designado pelas palavras orenda, wakan, manitu, pokunt, nauala, yek, sagâna, o mana melanésico é uma força impessoal, imanente, buscada e, ao mesmo tempo, temida pelos povos primitivos. Poderíamos mesmo associá-lo à crença em Deus, apesar de sua inespecificidade neste aspecto (pelo menos do ponto de vista da maioria das pessoas).

Émile Durkheim, o festejado sociólogo francês já citado, assim se refere ao mana:

"Trata-se de força, influência de ordem imaterial e, em certo sentido, sobrenatural; mas é através da força física que ela se revela (...)"[10].

Na verdade, é aqui que reside a origem da crença do homem primitivo, pois esta, sim, é uma força transcendental. Como a sua capacidade abstrativa era embrionária, às vezes ele confundia o Criador e a criatura espiritual (os Espíritos) como sendo uma única realidade. Partindo desta premissa, é fácil deduzir da objetividade

---

[10] **DURKHEIM, Émile. — "As Formas Elementares de Vida Religiosa".** Trad. de Joaquim Pereira Neto, pág. 246. Edições Paulinas: 1989.

30 Evolução...

da interferência e da interação do mundo espiritual em seu cotidiano, muito provavelmente pelas portas da **mediunidade de efeitos físicos** da classificação kardeciana contida em *"O Livro dos Médiuns*[11]*"*. Isto, até certo ponto, foi o responsável pelo desenvolvimento posterior do pensamento mágico. Concluamos, então, a partir das considerações sobre o mana do eminente sociólogo francês já citado:

"(...) **é através da força física que ela se revela ou então** *mediante qualquer poder e superioridade que o* **homem possua**"[12] (grifos meus).

O certo é que toda e qualquer forma religiosa, todo movimento religioso, por conseguinte, basifica-se em uma **revelação divina**, centrada em um ou em vários médiuns e, conseqüentemente, à expensas das **faculdades mediúnicas**, seja de efeitos físicos (fenômenos objetivos), seja de efeitos inteligentes (fenômenos subjetivos).

Citemos, ainda uma vez, Durkheim discorrendo sobre o mana:

"Essa é a matéria-prima com a qual foram construídos os seres de toda espécie que as religiões de todos os tempos consagraram e adoraram. Os espíritos,

---

[11] KARDEC, Allan - "O Livro dos Médiuns", Trad. José Herculano Pires, Segunda Parte, cap. II, IV e V. Ed. EME.
[12] DURKHEIM, Émile. Ob, cit. Pág. 246.

os demônios, os deuses[13] de todos os níveis são apenas formas concretas assumidas por essa energia, essa potencialidade (...)[14].

II) O ANIMISMO

Também conhecido como **fetichismo**, este período da concepção da Divindade conserva vários princípios daquela primeira etapa, sua precursora, mas descortina de forma mais evidente a presença dos chamados *"espíritos da natureza"*. Imagina-se, a esse tempo, a ambiência repleta de individualidades sobrenaturais, habitantes e, também, associadas aos mais diversos fenômenos naturais, o que se constitui em uma verdade parcial, pois há realmente uma interpenetração dos mundos formal e espiritual, com repercussões que podem se dar de parte a parte.

Para os povos deste degrau da compreensão humana, Deus continua sendo uma força sobrenatural com manifestações físicas, que a tudo e a todos envolve; e os espíritos da natureza são-lhe os instrumentos de ação. Daqui, poderemos tirar duas conclusões importantes:

a) Os homens deste patamar evolutivo utilizam-se

---

[13] Espíritos, demônios e deuses, na verdade são uma só coisa, com a diferença de que, depois de algum tempo, passou-se a usar o segundo termo exclusivamente para designar as entidades ainda envolvidas com o mal, por sua própria grosseria.

[14] DURKHEIM, Émile. Ob, cit. Pág. 251, 252.

32   Evolução...

freqüentemente dos dons mediúnicos[15], a ponto de ter nos Espíritos comunicantes o instrumento pelo qual recebem as dádivas e podem contemplar e buscar a compreensão divina.

b) Há o surgimento das relações de certos Espíritos com alguns aspectos e funções fenomenológicas naturais, mais tarde caracterizados como seres, ora de menor (Espíritos elementais), ora de maior estatura evolutiva que, em geral, são utilizados por Espíritos superiores para o desenvolvimento das leis naturais.

Também são desta fase os ensaios mais consistentes de ritualização (ancorados nos tabus, ainda aceitos) e o desenvolvimento do **pensamento mágico**. Imagina então o homem desta época que, através de sinais, gestos, palavras repetidas e outras formas, é-lhe possível interferir diretamente na natureza, modificar-lhe o curso, transformando ou controlando o conjunto fenomênico natural. Crê ser viável a sua ação sem maiores esforços.

Aliás, é exatamente dessa dominância mágica que resulta a designação deste período da concepção humana do Criador, pois a palavra **fetiche** deriva-se do vocábulo *"feitiço"* da língua portuguesa.

Neste estágio evolucional, o homem se projeta

---

[15] **Aliás, como já vimos através da conceituação do mana, também aí, no Totemismo, é indiscutível o uso da mediunidade no dia-a-dia daqueles grupos. Não seria isso que corresponderia à última frase de Durkheim, da citação de no. 12?...**

animicamente sobre as coisas, na ânsia de compreendê-las e dominá-las. O medo, a sensação de impotência diante das forças da natureza, o sentimento inato da presença divina no mundo e o concretismo das relações mediúnicas findam por determinar esse comportamento característico. O fato não deixa de ser um esforço inconsciente por projetar-se à sua vera condição de co-criador, evocada por Jesus, na assertiva: **"vós sois deuses"**[16].

Várias crenças mágicas vigentes ainda em nossos dias têm exatamente aqui, neste momento do desenvolvimento da compreensão da Divindade e do transcendental, as suas raízes. São repercussões atávicas dessas vivências perdidas no tempo, mas registradas nos arcanos do inconsciente, na história natural do **eu anímico**.

Poderíamos, a título de exemplo, discutir a crença na salvação atribuída ao sangue de Jesus. Muitos dos nossos irmãos das igrejas reformadas crêem piamente que o simples fato de haver Jesus derramado seu sangue na crucificação é o bastante para salvar a Humanidade, desde que ela acredite firmemente e aceite isto.

Ora, os homens primitivos, pelo seu desconhecimento de como agradar a Deus, criam ser do Seu agrado o sacrifício de animais (vital para a subsistência da comunidade), sacrifício que foi *"evoluindo"* até ao do próprio ser humano (de preferência inocentes: crianças e donzelas). Este costume de que é possível apaziguar a ira

---

[16] **"João, 10:34".**

34 Evolução...

divina com o sangue de um justo mantém-se na crença acima citada, o que, sem a menor sombra de dúvida, nada mais representa do que uma resposta arquetípica.

Jesus passa a ser o inocente, o justo que se deixa imolar para apaziguar a ira divina contra os homens pecadores. Ora, é bastante claro que Jesus sacrificou-se para nos trazer o fermento do bem em nossos desvios comportamentais geradores do mau. Mas o seu sacrifício foi exatamente o de reencarnar entre nós, em ambiente hostil, em um mundo grosseiro como o nosso em relação ao seu *status* evolutivo. Fez, entretanto, a sua parte na obra da criação e não foi a sua morte física que satisfez ao Criador, mas a sua internação na carne que, para o Espírito, corresponde a uma espécie de morte para a verdadeira vida.

Até porque, admitir semelhante "salvação" seria eximir-se da própria responsabilidade perante a vida e o semelhante, o mundo e a ordem universal, a admissão de que outrem pode *"pagar"* a nossa conta, e ainda porque o aprendizado, via de regra, é fruto do trabalho e da experimentação. E é exatamente o que objetiva a Lei Natural: **promover a nossa educação e aprimoramento espirituais.**

III) O POLITEÍSMO

A crença nos **Espíritos da natureza** do período fetichista se aperfeiçoa, agora, com uma melhor noção de seres investidos de um maior poderio sobre a natureza, sendo capazes de manipular e modificar os estados desta

Francisco Cajazeiras 35

última. Há uma redução numérica desses espíritos, quando comparados à fase precedente, mas uma maior identificação deles com a Divindade. Passa-se à crença em múltiplos deuses.

Até então, o homem tivera apenas uma noção de algo acima de sua capacidade, e que a tudo governa; agora a idéia sobre Deus ia se firmando, multifacetada pela dificuldade em se conceber um ser plenipotente, fazendo-o fragmentado em vários de Seus atributos, resultando na correspondência de cada uma destas virtudes a um deus. Ocorre verdadeiramente uma identificação dos Espíritos protetores, que se iam comunicando mediunicamente para o esclarecimento das diversas faces do Criador com aquelas múltiplas virtudes, o que não impediu a eleição, por parte de todos os povos politeístas, de um deus preponderante aos outros, responsável pela coordenação das atividades do seu panteão.

A propósito, a mitologia deriva-se exatamente do exercício mediúnico, da presença dos Espíritos no dia-a-dia das pessoas e não apenas da fantasia do homem menos evoluído intelectualmente, até porque este último fato, tomado como exclusivo, é incapaz de explicar idéias mais complexas[17].

Vejamos alguns exemplos:

---

[17] **BOZZANO, Ernesto — "Povos Primitivos e Manifestações Supranormais".** Trad. Eponina Mele Pereira da Silva. Folha Espírita Edit. Jornalística Ltda. São Paulo.

36   Evolução...

Na mitologia grega vamos encontrar Zeus, o senhor da Grécia e deus supremo; Poseidon, o deus do mar; Ártemis, a deusa dos bosques; Apolo, o deus da luz; Dionísio, o deus do vinho; Hermes, o deus do comércio; etc.

Entre os romanos, Júpiter, deus de Roma e deus supremo do Universo; Marte, o deus da guerra; Diana, a deusa dos bosques; Fortuna, a deusa da sorte e dos oráculos; Vênus, a deusa do amor; Mercúrio, o deus do comércio e da eloqüência; etc.

Os germanos, por sua vez, cultuavam Donnar, seu deus mais expressivo; Wotan, deus do comércio e da eloqüência; Ty, deus da guerra; etc.

Para os celtas, o mais respeitado e tido como o grande deus era conhecido pelo nome de Teutates, havendo outros também, como: Gwyon, o deus da ciência e das artes; Esus, o deus da vida e da luz; etc.

O culto a vários deuses permanece, até certo ponto, vigente em nossos dias, seja no *"mistério"* da Santíssima Trindade ou na verdadeira adoração aos santos da Igreja Católica.

Vale, pois, uma advertência à família espírita que tão maravilhosamente encontra os ensinamentos sobre Deus na Codificação[18], para não se deixar levar pelo atavismo politeísta, *"deificando"* ou *"santificando"* os

---

[18] KARDEC, Allan. — "O Livro dos Espíritos", Livro Primeiro.
— "A Gênese", cap. I, II e III.

Espíritos amigos e seus correligionários desencarnados, os quais, sem dúvida alguma, são freqüentemente dignos de todo o respeito e consideração, mas que não devem ser venerados como divindades, através das diversas formas de culto.

2

AS RELIGIÕES ATÉIAS

Algumas religiões não estão estruturadas no processo relacional — pelo menos de forma direta — com Deus. Surgem por volta do sexto século a.c. Caracterizam-se por não cogitarem, não se alicerçarem ou simplesmente manterem-se indiferentes a um ser supremo que a tudo administre soberanamente, preocupando-se essencialmente com o ser humano, com o seu progresso, com a sua emancipação espiritual, com o seu bem-estar íntimo. Conseqüentemente, com a moral.

40 Evolução...

São naturalmente filosofias morais.

I) O JAINISMO E O BUDISMO

Analisando as manifestações religiosas da Índia, Félicien Challaye, em obra já citada, faz a seguinte assertiva:

"**As religiões da Índia apresentam-nos uma mistura de abundantes sobrevivências totêmicas e animistas e de um Politeísmo que se orienta ora para o Monoteísmo, *ora para um piedoso Ateísmo*"**[19] (grifo meu).

De fato, naquela região vamos encontrar como que uma salada desses estágios evolutivos do pensamento religioso, onde podemos constatar desde resquícios totêmicos, como a zoolatria; ou a manutenção de resíduos mágicos do período animista, (com a presença de inúmeros deuses: **Indra**, deus do trovão e da natureza. **Varuna**, deus da razão. **Mitra**, deus do céu divino, da luz e do direito. **Surya**, o deus do Sol. **Vata**, o deus do vento. Etc) até concepções metafísicas de Deus (como a idéia de *bramam*, que corresponderia mais ou menos, embora de forma um tanto mais complexa, ao mana das religiões primitivas).

Pois é em meio a esse caleidoscópio de religiosidade que, no século VI a.C., surgem duas religiões de cunho predominantemente filosófico e moral, democráticas —

---

[19] **CHALLAYE, ob. cit., pág. 59.**

no sentido de admitir adeptos de qualquer casta social (e sem fazer distinção) —, centradas quase que exclusivamente na característica perfectibilidade do Espírito e, por isso mesmo, omissas e descompromissadas com o saber teológico. Determinam-se a promover e desenvolver no indivíduo a auto-iluminação (o **nirvana**). Inicialmente surge o **Jainismo**, fundado por um nobre indiano (da casta *kshatryas*) de nome Jina. Pregava rigoroso ascetismo, a prática do jejum e o desprendimento dos bens materiais, não se admitindo sequer o uso de roupas.

O **Budismo**, a despeito de ter o seu aparecimento logo posterior àquele, expandiu-se de maneira muito mais intensa. À semelhança do Jainismo, foi também fundado por um membro dos *kshatryas*: o príncipe Siddharta Gautama.

Ambas são doutrinas ético-filosóficas, que surgem como heresias do ponto de vista da religião tradicional de então (o Hinduísmo); atéias — pois consideram a criação como eterna e não cogitam ou não se debruçam sobre Deus —, pregam a salvação pela iluminação (estado que liberta o Espírito do ciclo da *"roda de samsâra"*, isto é, da necessidade das reencarnações) e, diferentemente de outras religiões, os seus fundadores não se postulam deuses nem foram assim considerados, depois, por seus seguidores.

O Budismo tem características menos radicais do que o Jainismo, sugerindo uma vida sem extremismos:

42 Evolução...

nem hedonismo nem ascetismo.

II) O CONFUCIONISMO E O TAOÍSMO

Na China, contemporâneas ao Jainismo e ao Budismo, nascem duas outras religiões *"atéias"* — o Confucionismo e o Taoísmo — embora, estruturalmente, apresentem notáveis diferenças entre si e as indianas.

A primeira delas, o **Confucionismo**, surge a partir das idéias e dos escritos de um fabuloso filósofo chinês que, inclusive, chegou a exercer diversos cargos políticos em seu país. Seu nome Kung Fu Tseu (Confúcio). Esta é uma doutrina filosófica e moral, antropocêntrica, que prega uma *fidelidade* generalizada: dos cônjuges entre si, dos filhos com os pais e vice-versa, do cidadão com o estado e do Soberano para com o vassalo.

Mantém o culto aos antepassados, muito embora, em nome da racionalidade, não se debruce sobre a questão da imortalidade da alma, como se fora um precursor do Positivismo de Auguste Comte[20].

O importante é adequar-se à vida em comunidade, viver bem, **"fazendo aos outros o que se gostaria fosse feito para si mesmo"**[21], fazer o bem pelo bem. Fomentar a justiça e a paz.

---

[20] **(1798 - 1857) Filósofo e matemático francês, autor, dentre outras obras, do "Curso de Filosofia Positiva", com grande repercussão no pensamento filosófico de seu tempo e influências sobre movimentos filosóficos futuros.**
[21] **Notar a semelhança com os ensinamentos de Jesus.**

Instaura uma revisão e disciplina dos costumes. O Confucionismo buscava expurgar o místico, o metafísico, opondo-se à religião dominante, por ocasião do seu surgimento — o Sinismo. A religião que aparece logo após é o **Taoísmo**. Este mostra-se profundamente metafísico, opondo-se claramente à singeleza doutrinária do Sinismo e à exacerbada racionalidade do Confucionismo.

Fundado por Lao Tseu, outro filósofo chinês, prega a mera aparência e a indiscutível relatividade da matéria e das coisas do mundo e afirma estar o equilíbrio da vida na associação dos contrários: do ser e do não-ser, do masculino e do feminino, do *yang* e do *yin*.

Prioriza-se a intuição à inteligência objetiva, e se busca a simplicidade no ser e no viver. Estimula-se a piedade e defende-se a paz.

Deus, porém, e a supervivência do Espírito não são assuntos que se possam extrair dos seus ensinamentos — pelo menos de uma maneira bem definida. Existe o *Tao*, a ordem do mundo, a gênese das coisas, a despeito de sua imprecisão — mais ainda do que o *mana* melanésio — , sendo apenas provável a imortalidade.

3

O MONOTEÍSMO

●

A concepção unitária de Deus foi sendo desenvolvida paulatinamente no pensar humano, refletindo, na verdade, uma certa compreensão intuitiva indiscutivelmente presente em todos os tempos e lugares, do mana aos deuses nacionais. Ela pode ser observada focalmente nos mais diversos recantos, seja esotericamente, seja através de tentativas isoladas e pessoais de implantação e disseminação ideológica. Em razão da diversidade evolutiva dominante no

46 Evolução...

orbe terreno, e especialmente com a presença dos Espíritos recalcitrantes de outros mundos que aqui aportavam, em busca da expunção de seus males morais (mas com progresso relativo muito maior do que o dos Espíritos autóctones, em outras áreas do conhecimento), foram inumeráveis os grupos que entenderam essa realidade, mas mantiveram-na sob sigilo em seus quadros seletos, por entenderem não ser ela assimilável pela maioria dos seus contemporâneos.

Historicamente, é possível reportar-se ao esforço imenso do faraó *Amenófis IV* — depois, *Akhenaton* — na transformação da religião egípcia, de um politeísmo com fortes traços totêmico-animistas para um vero monoteísmo.

I) OS JUDEUS E O MONOTEÍSMO
A) Animismo Pré-mosaico
Todos sabemos que quando se fala em povo monoteísta, logo nos assoma à mente a nação judaica, pois a sua religião participa da estrutura básica de todas as religiões monoteístas dominantes no Ocidente e, pode-se mesmo afirmar em nossos dias, no mundo inteiro.

Essa tendência monoteísta do povo israelita constitui-se no motivo maior por que Jesus, ao encarnar entre nós, escolheu-o para veicular a sua mensagem de amor e libertação espiritual.

Entretanto, ao se observar detidamente, sob o prisma

Francisco Cajazeiras 47

histórico, o desenvolvimento da religiosidade entre eles, conclui-se, sem maior dificuldade (desde que não se adote uma postura sectária), que o monoteísmo nem sempre foi a idéia dominante.

Assim, há cerca de 4.000 anos atrás, época em que vivia Abraão, o patriarca hebreu, seu povo estava organizado política e socialmente em tribos, que se subdividiam em clãs. A essa época havia forte vivência animista, adorando-se os Espíritos (*eloim*[22]) da natureza e familiares. Cada clã adotava o seu protetor espiritual e, inclusive, mantinha o seu culto particular aos antepassados. Iaveh[23] era o Espírito protetor do clã de Abraão[24].

Ao longo do tempo, de maneira paulatina, Iaveh foi se tornando o Espírito mais festejado e conseqüentemente mais cultuado, embora ainda permanecessem os demais *eloim* dos descendentes do velho patriarca e de todos os que resolveram seguir-lhe, formando um novo povo, quando abandonou Ur, sua cidade natal na Caldéia[25], em busca da **Terra Prometida (Canaã)**.

Utilizavam-se os hebreus dessa época de práticas mágicas e cultuavam os antepassados; distinguiam-se animais puros e impuros; eram comuns os sacrifícios e há

---

[22] **Do hebraico Elohim, plural de Eloah (deus).**
[23] **Iavé, Javé, Jeová.**
[24] **Êxodo, 3:6, 15, 16.**
[25] **Antigo nome da Babilônia. Hoje, suas ruínas ficam situadas a 100 Km de Bagdá, capital iraquiana.**

48 Evolução...

mesmo a possibilidade de se terem, nos primórdios, realizado sacrifícios humanos. A esse respeito, Félicien Challaye[26] chama-nos a atenção: **"Entre os hebreus pré-mosaicos, o animismo é acompanhado pela magia. Acredita-se no** *mau olhado*, **no poder das imprecações, dos amuletos, dos filtros e dos 'frutos do amor'. Praticava-se a** *magia imitativa* **(...)".**

O próprio Iaveh, por exemplo, era tido como o espírito habitante do Monte Sinai, o que nos mostra a predominância das crenças fetichistas.

Enquanto se processava essa sua maturação da religiosidade, teve o povo israelita que enfrentar dificuldades várias, incluindo um cativeiro com duração de cerca de meio milênio.

B) Moisés e o Monoteísmo

É somente com Moisés que se consolida a orientação do culto a um deus único — o *eloah* Iaveh —, através da revelação divina (mediúnica) que se faz ao renomado legislador hebreu, médium detentor de maravilhosos carismas. É bem verdade que este era um deus nacional (pelo menos no entendimento popular), deus guerreiro, que velava unicamente pelos hebreus, orientando-os na conquista das batalhas, somente favorecendo o inimigo quando irado ou desgostoso com os seus tutelados.

---

[26] CHALLAYE, ob. cit., pág. 149.

Aqui, vemos brotar e se consolidar uma nova forma de perceber a Divindade — **antropomórfica**. Não entendendo-o muito bem e querendo trazê-lo mais para perto da sua capacidade de raciocínio, os judeus invertem a ordem das coisas: ao invés de o homem ser imagem e semelhança de Deus, a Divindade é que passa a ser vista à nossa imagem e semelhança e isso, unicamente, porque os horizontes ainda se mantinham constrangidos pela grosseria material.

De outra forma, ressalta o fato de, até aí, não se encontrar integralmente patenteada a crença em um deus único, mas em um **deus particular**. Rigorosamente, não é descartada a existência de outros deuses, mas advoga-se a superioridade iavéica e, portanto, o que vamos encontrar na prática é o *culto dirigido a um único deus*, ou seja, uma **monolatria**.

É somente no século VI a.C., com Isaías, que vamos perceber uma tentativa mais consistente de encarar Iaveh como deus único e universal, como se pode depreender, dentre outros, do seguinte trecho[27] do Antigo Testamento:

"Anunciai e chegai-vos e tomai conselho todos juntos (...). Não fui eu o senhor? E *não há outro Deus senão eu*, Deus justo e salvador não há além de mim.

Olhai para mim e *sereis salvos, vós todos dos*

---

[27] **Isaías, 45:21, 22 (Bíblia Thompson, trad. João Ferreira de Almeida, 3ª. edição. Editora Vida: 1994)**

50 Evolução...

confins da Terra, pois eu sou Deus e não há outro" (grifos meus).

C) Jesus e o Monoteísmo

Os Espíritos encarregados da difusão da *Terceira Revelação* são unânimes em afirmar ser Jesus o Espírito mais perfeito que já encarnou entre nós e, por conseguinte, o modelo ideal para todo aquele que deseja escalar os flancos escarpados da vida, na busca incessante da almejada felicidade[28].

Sua missão precípua: acelerar o progresso anímico da Humanidade, através de uma tomada de consciência, por parte da população terrena, da vida futura e do exercício do amor para com a Divindade e para com toda a criação.

Além desta importante missão do Mestre dos Mestres, vem ele modificar radicalmente o perfil que se delineava a respeito da *"Inteligência Suprema"*.

Do deus antropomórfico, guerreiro, irascível, parcial, impiedoso, nacional e exclusivista, desenhado pelos seus antecessores e conterrâneos, nada — ou quase nada — restou, após a sua descrição e caracterização analógica do *"Pai Celestial"*.

Em seu lugar, surge um deus amoroso, amável, compreensivo, acima de tudo um verdadeiro pai — e, é importante notar, pai de todas as criaturas, criador de tudo

---

[28] **KARDEC, Allan.** "O Livro dos Espíritos", livro terceiro, cap. I, perg. **625.**

Francisco Cajazeiras 51

o que há —, misericordioso.

O Pai, como o descrevia Jesus, não administrava o Universo usando de parcialidade, mas proporcionando oportunidades semelhantes a todas as suas criaturas, e aquilo que poderia parecer *preferência* nada mais seria do que simples indução ao uso dos talentos.

Desse modo, fácil é entender o porquê da aparente predileção pelo povo judeu, o que correspondia unicamente a uma maior facilidade na difusão dos princípios religiosos por ele trazidos, decorrentes da postura e da vivência daquele povo no tocante à religiosidade, a despeito de sua inegável arrogância e orgulho.

Na *"Parábola da Festa de Núpcias"*, Jesus usa de analogias para explicar o chamado às realidades do espírito a todas as gentes, iniciando pelos mais capacitados ao entendimento, mas não deixando de fora os situados em menor escala evolutiva. Aproveita e critica a indolência daqueles que deveriam assumir as devidas responsabilidades diante do trabalho que se lhes descortinava. É bastante observar o trecho:

"(...) mas os que foram chamados não foram dignos de se acharem no banquete. Ide, pois, às saídas das ruas, e a quantos achardes convidai-os para as bodas"[29].

Analisemos, ainda, algumas passagens do Evangelho

---

[29] **Mateus, 20:01 - 04.**

52 Evolução...

do Mestre Galileu, onde ele vai delineando o novo perfil do Criador, o Seu verdadeiro perfil:

"A ninguém da Terra chameis vosso pai, pois um só é o vosso Pai, aquele que está nos céus"[30].

Nesta passagem, Jesus reafirma a unicidade divina e já inicia sua transformação paulatina da idéia dominante de um deus irado, zangado, insatisfeito, em um deus onde a paternidade demonstra bem a relação de amor mantida pelo Criador com as Suas criaturas.

Pai é realmente uma bela figura de que o Mestre se serve para nos fazer melhor entender a Divindade, pois relaciona-se com a doação de carinho, amor, incentivo e proteção ao filho.

"E esta é a vontade daquele que me enviou: que nenhum perca eu de todos aqueles que ele me deu"[31].

"Mas tenho outras ovelhas que não são deste redil: devo conduzi-las, também; elas ouvirão a minha voz; então, haverá um só rebanho e um só pastor"[32] (grifo meu).

Mais uma vez, Jesus confirma a bondade e a misericórdia divinas, bem como a sua imparcialidade, pois demonstra inequivocamente que ninguém se perderá, ou seja, não acontecerá a aniquilação da raça humana e dos Espíritos; caso contrário, uma vontade do Todo-Poderoso deixaria de ser cumprida, o que significaria sua impotência

---

[30] **Mateus, 23:9.**
[31] **João, 6:39.**
[32] **João, 10:16.**

e a indiferença do infinito diante do finito.

A reencarnação, princípio espírita com foro de cidadania científica em nossos dias, já se fazia indispensável, do ponto de vista de um deus vigilante à sua obra, já que em uma única existência, por mais que se esforce e trabalhe nesse sentido, jamais galgará o Espírito os patamares da perfeição.

"Deus é espírito e aqueles que o adoram devem fazê-lo em espírito e verdade"[33].

Durante muito tempo ainda manteve-se a idéia de um deus antropomórfico, com características humanas — físicas e morais — por erro de interpretação da Bíblia e pela momentânea incapacidade de maiores abstrações. Permaneceu-se invertendo o ensinamento de que *"o homem foi feito à imagem e semelhança de Deus"*, fazendo de Deus um ser **à imagem e semelhança do homem.**

Apesar disso, vê-se claramente no trecho evangélico supracitado, o esforço de Jesus para nos levar a desfazer aquela imagem antropomórfica de Deus, reforçando ser ele espírito e como tal devendo ser adorado, o que significa: sem culto material, sem imagens, etc.

É óbvio que Jesus plantava sementes luminosas da verdade, em doses homeopáticas, veladas, muitas vezes, sob a puerilidade das historietas compatíveis com o cotidiano judeu de então, mas cuidando de preservar-lhes

---

[33] **João, 4:24.**

54 Evolução...

o núcleo para o futuro, quando mais capazes fossem os homens, do ponto de vista intelectual e mesmo moral. Tinha, pois, plena consciência de que suas lições somente passariam a ser entendidas mais profundamente em um futuro distante e, para tanto, previu a chegada do *"Consolador Prometido"*.

Aliás, o mesmo se repete com o Espiritismo. A Codificação Kardeciana é de uma lógica e de uma clareza inconfundíveis e, no entanto, quantos não são os espiritistas que a distorcem, modificam, fazem-na soçobrar à satisfação dos seus caprichos, embalados pelo egoísmo e alimentados pelo saudosismo de seu passado religioso? Quantos não querem interpretar, com ginástica contorcionista, os ensinamentos diretos dos Espíritos? Quantos não preferem o mercado das novidades fantásticas, em fortes traços de tinta berrante do misticismo, insuflados por Espíritos pseudo-sábios e mistificadores indiscutíveis da dimensão extrafísica, ou os falsos profetas encarnados envernizados de santidade, mas exalando a *"podridão dos túmulos"* nas suas atitudes íntimas?

O Prof. José Herculano Pires bem que nos adverte, em sua obra clássica *"O Espírito e o Tempo"*,[34] que o Espiritismo **"é uma doutrina do futuro"**, isto é, ainda não compreendida, somente vindo a ser no futuro; e que sofre **"a incompreensão de adeptos e não adeptos"**.

---

[34] **PIRES, J. Herculano. "O Espírito e o Tempo", preliminares, 6ª edição. EDICEL: 1991.**

Mesmo porque, além dos entraves já discutidos acima concernentes à sua implantação como um todo, há no Movimento Espírita Brasileiro uma triste tendência a se desconsiderar o estudo doutrinário, olvidando ser maior caridade aquela que fornece ao Espírito o material indispensável para que ele mesmo promova sua libertação do estado de indigência que o mantém alheio às próprias responsabilidades, pela ignorância do real significado da vida e das coisas transcendentais.

II) ENSAIO MONOTEÍSTA NO ANTIGO EGITO

Todos sabem que havia núcleos de iniciados no Antigo Egito que aceitavam a crença monoteísta. Isto, porém, se dava em grupos esotéricos, onde os iniciados — e somente eles — tinham acesso a esta informação. A população em geral mantinha suas crenças politeístas, no que era alimentada pelas classes dominantes.

Além do que, considerava-se o próprio faraó como integrante desse panteão, desse conjunto de deuses, aos quais representava e intermediava junto à grande massa humana, conduzindo-lhe os destinos, no que era secundado pela casta dos sacerdotes. Entretanto, no mais das vezes, eram estes últimos os verdadeiros condutores das ações do faraó.

No século XIV a.C., a cidade mais importante do

56 Evolução...

Egito era Tebas, onde morava o Soberano e, conseqüentemente, onde estava centralizada a administração política e religiosa do Império. *Amon* era a divindade mais cultuada e respeitada, aquele deus reverenciado como sendo o maior de todos.

Pois foi nesse clima, nessa atmosfera de glória humana e destaque, que viveu o faraó responsável pela instituição da primeira religião monoteísta de que se tem notícia em nosso planeta. Seu nome era *Amenófis IV*, que significa *"Amon está satisfeito"*.

Acredita-se que por volta do seu quinto ano de governo e objetivando desligar-se da influência do clero tebano sempre ansioso por perpetuar o culto a *Amon*, o faraó transferiu a capital do Império para o Médio-Egito, onde funda a cidade de *Tell el-Amarna* e muda o seu próprio nome para *Akhenaton*, ou seja, *"Esplendor de Aton"*.

Há quem defenda razões de caráter puramente político-econômico-administrativo na gênese de semelhante conduta. O certo, porém, é que a implantação de uma nova mentalidade religiosa, estruturada em uma visão inteiramente nova de sentir e compreender o Criador para aquele contexto histórico, conduz-nos facilmente a acreditar ser *Akhenaton* — senão completamente, pelo menos em grande escala — substancialmente motivado por um profundo sentimento religioso, ao ponto de se arriscar à perseguição solerte, implacável e mortal do clero de *Amon*, em troca da vivência de sua ideologia, promotora de uma drástica reviravolta no *modus vivendi* religioso de sua corte. Como se não bastasse apenas esta argumentação, outro fato grita a favor dessa nossa hipótese: **a estrutura religiosa por ele processada**. Vejamos os seus pilares:

· Passa-se, a partir de então, a crer (e não apenas cultuar) em um único deus.

· *Aton* não é apenas o principal deus. Ele é o único.

· *Aton* é adorado como o Sol, fonte de luz e de vida para toda a Humanidade, sendo muito mais que um símbolo ao qual se recorre, mas uma realidade vivenciada no dia-a-dia.

· O Sol é fonte de luz e de vida no mundo inteiro; portanto, é criador de tudo o que existe. Este fato confere à religião que se implantava uma característica universal.

· *Aton* é deus dos egípcios e de não-egípcios.

· Apregoa-se a fraternidade, como resultado do reconhecimento de que todos são criados pelo deus único e, por isso mesmo, são parentes espirituais. O amor ao próximo é pregado como um dever de todos os cidadãos.

· Fomenta-se o amor à natureza, o que facilmente se depreende da leitura dos poemas escritos pelo próprio faraó ao seu deus.

· Os templos dão preferência a espaços ao ar livre, e a liberdade individual é apregoada como uma necessidade.

· Torna-se desnecessária, por inoperante, a manobra da religiosidade popular por uma casta sacerdotal.

58   Evolução...

Félicien Challaye[35], em seu livro já citado, compara o poema em louvor do Sol escrito por *Akhenaton* aos versos de Francisco de Assis, em exaltação da natureza. Reproduzimos um pequeno trecho desses versos[36]:

"(...) Como são múltiplas as coisas que criaste! Criaste a Terra segundo teu desejo, quando estavas só;

foste tu que a criaste e também a todos os homens, os rebanhos, o gado, tudo quanto vive e caminha na Terra e tudo quanto voa nos ares".

Nas regiões estrangeiras, na Síria, na Etiópia, por toda parte, colocaste cada homem em seu lugar e tomas cuidado com sua conservação, e dás a todos o alimento que eles reclamam...

Akhenaton desencarna após dezoito anos à frente do governo do Egito, sendo bastante possível haver sido envenenado.

Sobre o assunto há uma interessante produção cinematográfica de 1954, da *Twenty Century Fox*, produzida por Darryl F. Zanuck, sob a direção de Michael Curtiz, com roteiro de Philip Dunne e Casey Robinson, possível de ser encontrada nas locadoras de vídeo, de nome **"O Egípcio"**, adaptação do romance de Mika Waltari, de mesmo nome, onde *Akhenaton* é envenenado. Digno de nota é o que o autor põe nos lábios do faraó, em diálogo com o médico que lhe entregara a taça de vinho com a

---

[35] **CHALLAYE, Félicien. Ob. cit., pág. 34.**
[36] **Apud CHALLAYE, ob. cit. pág. 35.**

droga letal e após perceber o que bebera. Em função da beleza e sensibilidade ali apresentadas, passamos a reproduzi-lo para o leitor:

"Horemheb[37] tenta destruir Aton, derrubando-lhe os templos. No entanto, a casa de Deus é toda a criação. Destrua as montanhas, esvazie os mares, dispa o céu das estrelas e, ainda assim, não terá tocado Deus. Pensei (no início) que Deus fosse a face do Sol e foi assim que fiz sua imagem. Mas Deus é mais, muito mais... O Sol é só um símbolo do seu calor, do seu poder criativo.

Deus não é uma imagem, não é uma coisa palpável, mas o criador de todas as coisas. O espírito amável que vive dentro de nossos corações.

Eu não fui mais do que a sombra das coisas que virão. Uma voz que falou por Ele. Mas haverá outras vozes mais claras do que a minha.

Os corações dos homens não serão negados para sempre. Deus está dentro de todos nós e um dia Ele falará a todos nós com palavras que não poderão ser mal interpretadas".

Akhenaton desencarnou no ano de 1335 a.C. e com ele o sonho de implantação de um monoteísmo mais lúcido e coerente àquela época, pois seus sucessores logo

---

[37] No filme, um general ambicioso pelo poder, que orientado pelos sacerdotes promovia a destruição dos templos e a matança e aprisionamento dos adeptos de Aton e que, após a morte do faraó, casa-se com a sua irmã alçando-se ao poder.

60 Evolução...

trataram de retomar a condição anterior, abandonando e arruinando a cidade que ele construíra, mas principalmente abandonando sua maravilhosa ideologia religiosa.

Nada obstante, nos corações e mentes daquela gente sua contemporânea, no âmago de sua estrutura anímica, mesmo não assimilando racionalmente naquele momento, permaneceriam arquivados definitivamente os fundamentos de uma religião universal, sem dogmas, sem paredes restritivas, sem nacionalidade dominante, sem língua oficial imposta — a não ser o exercício da linguagem do amor e do entendimento entre os povos — sem sacrifícios a denotar o pavor das criaturas diante do incompreensível, sem culto material, sem apelatórios terríficos, sem perseguições nem conspirações escabrosas, mas uma religião libertadora de consciências, promotora da paz e da eqüidade entre os homens e indutora da identificação perene da criatura com o Incriado, o que virá a ser possível somente a partir de agora, com a implantação da Nova Revelação no mundo. Foi exatamente isso o que levou Léon Denis[38] a responder aos que lhe questionavam, se o Espiritismo seria a religião do futuro, com uma frase que, a despeito do trocadilho, é de magnífica inspiração:

---

[38] (1846 - 1927) Espírita francês, considerado o *"Apóstolo do Espiritismo"* pelo seu incansável trabalho de difusão doutrinária através da oratória e da literatura.

"**Eu não digo que o Espiritismo será a religião do futuro, mas que certamente *é o futuro das religiões*"** (grifo meu).

III) SÍNTESE EVOLUTIVA DO MONOTEÍSMO

Do ponto de vista da evolução do pensamento e do conhecimento monoteístas podemos, de maneira didática, traçar o seguinte quadro sinóptico:

A) Monolatria ou Henoteísmo[39] — forma religiosa em que se cultua uma só divindade, mas não se exclui as outras existentes entre os diversos grupos que se relacionam. Nesta fase a atenção é dirigida a uma única divindade, adotando-a como pertencente a si ou ao seu grupo. É indiscutivelmente uma forma especial de politeísmo, porque rigorosamente não se descrê na existência de outros deuses, mas sim se elege um **deus particular**. Pode-se afirmar sem receio, ser este o primeiro passo rumo ao monoteísmo.

B) Monoteísmo Antropomórfico — caracteriza o período logo seguinte ao monolátrico, às vezes até interseccional a este, onde predomina a idéia de um deus à semelhança do homem. A Divindade é crida como tendo uma forma humana e também seus defeitos: ciúmes, vaidade, inveja, rancor, ódio, impulsos de vingança, etc.

---

[39] **Termo criado pelo orientalista, filólogo, arqueólogo e mitólogo alemão Max Müller (1823 - 1900).**

62 Evolução...

O ser humano ainda continua, tal como ocorre no período mais primitivo, a projetar-se no intuito de apreender o conhecimento. Agora, porém, a sua projeção se faz na direção divina e não de sua obra — a natureza —, como outrora.

C) Monoteísmo Iniciático — Veiculado em grupos isolados, detentores do conhecimento de forma esotérica, ou seja, tendo sempre o cuidado de não permitir o vazamento dessas informações para o grande público, seja por motivos centrados na sede de poder, seja pelo julgamento de não se encontrar a grande massa em condições de assimilar tais informações. Decorre, em primeira instância, do desenvolvimento anímico diferenciado de alguns membros da sociedade — relacionado ao esforço individual de cada um e conseqüentemente apresentando-se em múltiplos matizes evolutivos —; mas também da presença de Espíritos expatriados para a Terra, de mundos mais evoluídos, trazendo em sua bagagem espiritual o conhecimento desenvolvido naqueles mundos mais adiantados, onde não puderam continuar reencarnando por conta, freqüentemente, da sua menor desenvoltura moral, inapropriada para o estadiamento evolucional do seu mundo. Por outro lado, não devemos deixar de citar a presença continuada de mentores espirituais que reencarnam missionariamente, no intuito de ir levedando a massa nos mais diversificados campos da atividade e do conhecimento humanos, inclusive em seu aspecto religioso.

D) Monoteísmo Cristão — Jesus veio fazer-nos

entender a Deus de modo bem diferente daquele que a Igreja (as igrejas) vem teimando em mostrar já de há muito tempo até aos nossos dias. O Mestre fez valer toda a sua pedagogia para abrir uma vertente sobre Deus como ser único e espiritual. Com esse objetivo, lança mão da analogia com a figura do pai. E por quê? Porque o pai era considerado, na época, o único responsável na formação do novo ser nascente, além do que o filho, naquela sociedade, seguia a profissão do seu genitor e era por este mantido, protegido, amado. Aquela era uma sociedade patriarcal e, por esse motivo, Jesus relacionou o Criador com o pai terreno, mostrando, no entanto, a diferença gritante dessa relação.

Assim sendo, com este recurso didático, o Mestre de Nazaré reforça naqueles psiquismos incipientes, ainda pouco preparados para maiores vôos no terreno espiritual, as possibilidades de entendimento e o treinamento cotidiano para esse entendimento de Deus: único, pai de todas as criaturas, atencioso e misericordioso para com a Humanidade inteira, doador ininterrupto do conjunto integral com as necessárias condições à aquisição da felicidade eterna, sem preferências, sem distinção. Pai de amor, pois **"Deus é amor"**, como nos ensina João, o Evangelista, no Evangelho sob a sua interpretação.

IV) MOISÉS, FREUD E O MONOTEÍSMO

Alguns estudiosos da História dos Judeus têm aventado a possibilidade de Moisés não haver sido judeu, mas sim egípcio de nascimento e de etnia. Conseqüentemente, a narrativa bíblica de que ele teria sido posto em um rio e resgatado das águas pela filha do faraó, deve ser entendida como uma lenda que se configurou entre o povo judeu.

Compondo este grupo vamos encontrar o pai da Psicanálise, Sigmund Freud, que defende esta conjectura em sua obra *"Moisés e o Monoteísmo"* (Imago, tradução de Maria Aparecida Moraes Rego, 1997).

O nome Moisés não seria de origem hebraica, posto que se põe em dúvida o seu significado descrito pelos judeus, sendo mais provável originar-se do vocábulo egípcio mose, que quer dizer criança.

Ressaltam os articuladores desta idéia ser comum, no Egito Antigo, que os pais dessem nome aos seus filhos, relacionando o seu nascimento a uma graça concedida por um deus e, por esta razão, utilizavam, na composição deste nome, a palavra criança anteposta pelo nome de um dos deuses, resumindo a frase *"deus deu uma criança"*. Por exemplo: Ptah-mose (Ptah deu uma criança).

Dentre os obstáculos que se oporiam a esta hipótese, podemos destacar:

a) o motivo por que Moisés se prestaria a guiar o povo hebreu, libertando-o de sua própria Pátria;

b) as marcantes diferenças entre os princípios religiosos antagônicos adotados pelos dois povos, como a adoração de imagens, o uso indiscriminado dos dons psíquicos, a maneira de encarar a morte etc.

Freud sugere em seu livro já mencionado, para a explicação destas aparentes discrepâncias, haver sido o legislador hebreu um seguidor de Akhenaton, o faraó que implantou o monoteísmo (cap. 3, item II). Uma outra possível dificuldade relativa à época em que os dois teriam assumido aquelas personalidades não se constitui problema, à medida em que se não pode precisar exatamente a época em que Moisés viveu, tendo em vista encontrar-se tudo a seu respeito apenas na Bíblia. Assim, embora se considere sua existência no século XIII a.C., não seria tão difícil de se imaginar haver vivido no século XIV, sendo por conseguinte contemporâneo do faraó monoteísta.

Com a morte de seu chefe espiritual, Moisés teria então vislumbrado a possibilidade de fazer florescer a idéia do monoteísmo naquele povo escravo que já havia dado os primeiros passos nessa direção, haja vista sua postura monólatra (veja cap. 3, item I-B).

Isto explicaria, inclusive, a sua contundência em afastar o povo hebreu dos costumes religiosos dos egípcios.

A hipótese não é de todo desprezível, tendo em vista o que já caracterizamos como tendo sido a missão de destaque de Moisés, impulsionar os hebreus a passarem da monolatria para o monoteísmo.

A diferença poderá ter importância do ponto de vista nacionalista, mas não do espiritual, posto entendermos que a nacionalidade é tão efêmera quanto a vida orgânica.

Evolução...

É bem verdade que Freud faz outras ilações mais compatíveis com a sua visão materialista e reducionista do mundo.

A se aceitar, porém, esta hipótese procede-se um encadeamento caldeu-egípcio-hebreu na construção do entendimento monoteísta, internacionalizando-se a ação da Revelação Divina.

4

DEUS E OS CIENTISTAS

●

Durante séculos e séculos, o conhecimento esteve sob a responsabilidade e a administração dos sacerdotes, pois era relacionado como uma conseqüência da vontade do Ilimitado. Em todo esse período, a religião mesclava-se ao saber, às práticas e às técnicas que iam pouco a pouco surgindo no horizonte da intelectualidade humana. Havia, no entanto, uma ascendência do místico, do sobrenatural sobre o conhecimento em si, de tal maneira que a disseminação da verdade científica dava-se com

68 Evolução...

dificuldade e restrições de toda a sorte.

Foi somente com os gregos que se iniciou uma estruturação mais específica, mais racional do saber, desfazendo-se paulatinamente a preponderância do sobrenatural e do místico. Isso se deu por volta do século VI a.C., com o surgimento da Filosofia no cenário cultural da Humanidade. A partir de então, vê-se florescer a razão no panorama mundial e, conseqüentemente, dá-se uma adequação — ou pelo menos uma tentativa nesse sentido — das crenças ao pensar. Apesar de tudo, no comum, não se desviavam os pensadores, em suas elucubrações, da existência e da presença do Ser Supremo sobre e entre os homens, embora apresentando compreensões as mais diversificadas a Seu respeito.

À guisa de exemplo, poderíamos citar o conceito de *"primeiro motor"* de Aristóteles e a crença monoteísta de Sócrates que escandalizou, juntamente com o seu filosofar, o poder constituído, seu contemporâneo, resultando-lhe na *"penalização capital"* que o obrigou a ingerir cicuta.

A verdade é que, de uma forma ou de outra, os grandes filósofos da Antigüidade sempre cogitaram em uma Força Maior que a tudo e a todos governava.

À medida que a Cultura Helênica ia sendo incorporada pelo Império Romano, havia uma disseminação da força sobre a razão e, a despeito do esforço e perseverança romanos, uma certa obliteração do conhecimento. Com a falência do Império Romano e início da Idade Média, vamos encontrar um domínio da Dogmática da Igreja hierarquizada e uma desaceleração das ciências, que não tinham independência e eram mantidas subjugadas. Destarte, todo o conhecimento científico obrigava-se à submissão aos dogmas e à interpretação da Igreja Romana, a quem se submetia grande parte do mundo civilizado. Isto significava que não era dada ao cientista a possibilidade de se imiscuir por caminhos desconsiderados pela Autoridade, o que, convenhamos, limitava sensivelmente o pensar e o fazer científicos.

No entanto, o desenvolvimento intelectual da humanidade e a estagnação da Igreja resultaram, paulatinamente, na libertação desse jugo por parte dos cientistas. Podemos, de maneira sintética, resumir esse processo no pensamento dos seguintes cientistas:

a) Johannes Kepler (1571 - 1632)
É possível afirmar que este cientista alemão representa um elo no pensamento científico que lhe antecedeu e sucedeu. Adepto da teoria copernicana, mais por razões metafísicas do que astronômicas, baseava-se para o desenvolvimento de seu trabalho nos ensinamentos pitagóricos. Sua obra *"Harmonice Mundi"* (Harmonia do Mundo), publicada no ano de 1618, é um canto de louvor ao Criador, diferentemente do que ocorrerá a partir de

70 Evolução...

então, quando Deus não é chamado a participar dos acontecimentos terrenos, mas a tudo assiste passivamente (pelo menos, no ponto de vista dos pensadores desse período).

b) Galileu Galilei (1564 - 1642)

Nascido em Pisa, na Itália, Galileu, além do contributo que ofereceu à ciência, foi um fervoroso defensor da *"Teoria Heliocêntrica"*, de Nicolau Copérnico, segundo a qual a Terra gira em torno do Sol, e que contrariava frontalmente o pensamento católico (*Geocentrismo*); por isso mesmo, foi levado a um tribunal inquisitorial. Conta-se que, para salvar a vida, o cientista retratou-se publicamente. O fato, porém, se disseminou e Galileu transformou-se em um dos pilares do mecanicismo que logo se instalou.

A Igreja, de certa forma, tentou imprimir no povo a idéia de que o renomado astrônomo não cria em Deus, o que é uma grande inverdade. Galileu era católico e não negava a Bíblia, apenas fazia críticas à sua interpretação literal e lembrava da necessidade de se avaliarem as posições, quando as evidências mostrassem a improcedência de tais dogmas. É expressando esta sua postura que afirmava:

"A Sagrada Escritura e a natureza vêm, todas as duas, da palavra divina (...). Não se pode, apelando para os textos das Escrituras, colocar em dúvida um resultado adquirido por provas seguras"[40].

---

[40] **Globo Ciência**, ano 4, nº 43.

c) René Descartes (1596 - 1650)

Nascido na França, este pensador, em sua busca da verdade, parte inicialmente da dúvida sobre todo o conhecimento, questionando-se, meditando e chegando, após isso, à convicção da existência do próprio *"eu"*, que se patenteia com o clássico *"cogito, ergo sum"* (penso, logo existo). Volta-se para o antropocentrismo, elegendo a razão como a *"pedra de toque"* para o descortinar da almejada verdade.

Cria o dualismo, sistema que prega a independência da alma e do corpo e adota o mecanicismo, *"doutrina que reduz a matéria, o corpo e a vida à extensão"*[41].

No entanto, a despeito de o materialismo estribar-se no racionalismo e seu mecanicismo, René Descartes era crente em Deus e demonstra filosoficamente, em sua obra, a existência da imortalidade e da própria Divindade. Vejamos algumas de suas conclusões:

"(...) a nossa (alma) *é de natureza inteiramente independente do corpo e, por conseguinte, não está sujeita a morrer com ele, pois que, não se vendo outras causas que sejam capazes de destruí-la, somos naturalmente levados a concluir por isso que ela é imortal*[42] (grifo meu).

"A existência não pode ser separada da essência de Deus, assim como a essência de um triângulo retilíneo

---

[41] **REZENDE, Antônio. – "Curso de Filosofia", 5ª. ed. Jorge Zahar Editor/ SEAF: Rio de Janeiro.**
[42] **DESCARTES, René. – "O Discurso do Método". Trad. João Cruz Costa. Editora Tecnoprint S.A.**

72   Evolução...

não pode ser separada da grandeza de seus três ângulos iguais a dois retos ou, da idéia de uma montanha, a idéia de um vale(...)"[43].

A partir dele no entanto surge o Empirismo, que transforma o *"teísmo mecanicista"* cartesiano em um *"ateísmo materialista"*.

d) Isaac Newton (1642 - 1727)

Este inglês, tido como temperamental e neurótico, é considerado como o maior dos cientistas e o pai da ciência moderna. Na verdade, foi com Newton que os paradigmas mecanicistas encontraram o substrato para a sua aceitação e sobrevivência. O seu pensamento científico, à semelhança do cartesiano, dicotomiza o homem e, embora não seja uma posição ateísta, explica os fenômenos materiais exclusivamente pelas leis físicas.

Isso, no entanto, não nos deve conduzir à idéia de que Newton fosse um homem sem fé, que negasse Deus, pois os estudos históricos sobre sua vida vêm, cada vez mais, confirmando o seu envolvimento com as "coisas do espírito", tendo mesmo, segundo a historiógrafa norte-americana Betty Dobbs, dedicado mais tempo de sua existência física à alquimia e à teologia do que à ciência propriamente dita. Com efeito, ele tinha uma pesquisa intensiva no campo esotérico, o que o torna conhecido

---

[43] **Apud, REZENDE, Antônio. Obra citada à pág.91, de 'Meditações Metafísicas', de René Descartes.**

Francisco Cajazeiras 73

como **um dos últimos alquimistas**. No campo da Teologia, discordava principalmente do dogma da *"santíssima trindade"*, que considerava absurdo e um retrocesso ao politeísmo.

Atribui-se a ele a seguinte frase: *"Este magnífico sistema do Sol, planetas e cometas somente poderia proceder do conselho e domínio de um ser inteligente e poderoso. Esse ser governa todas as coisas, não como alma do mundo, mas como senhor de tudo, Senhor Deus ou Soberano Universal"*[44].

Para Newton, Deus era impessoal e Sua relação com o mundo se fazia pelo uso de Sua força.

e) O Materialismo

A partir dos paradigmas mecanicistas da ciência moderna e de sua visão dualista, e premidos certamente ainda por um desejo de libertação do peso e da opressão da Igreja, é que os cientistas, de tanto desconsiderarem Deus em suas teorias e explicações científicas, findaram por descrê-Lo completamente, criando o pensamento materialista.

Foi assim com o físico e astrônomo francês Pierre Simon de Laplace (1749 - 1827), ao escrever sua obra monumental *"Mecânica Celeste"*. Conta-se que o referido cientista, ao apresentá-la a Napoleão Bonaparte para apreciação, teria sido indagado sobre o porquê de, em um

---

[44] **Globo Ciência, Ano 4, n° 43, pág. 36.**

74 Evolução...

tratado daquela magnitude, não se haver reportado, em nenhum momento, ao Criador, ao que teria respondido: *"Senhor, não senti necessidade dessa hipótese"*.

E muitos outros, renomados ou não, se apegaram tanto e até mesmo de forma dogmática a essa postura, que ela passou a ser como que a "marca registrada" dos filósofos e cientistas da Era Moderna e da Contemporânea, mostrando seus reflexos negativos mesmo nos dias de hoje.

Por essa estrada limitada caminharam pensadores da estirpe de Karl Marx, Friedrich Nietzsche, Jean Paul Sartre, Sigmund Freud.

Este último, pai da Psicanálise, chega a considerar a idéia de Deus presente em todas as pessoas como um *"complexo paterno"*, mecanismo de defesa psicológico, através do qual o ser humano, ao se sentir desprotegido com a morte do seu pai terreno, apelaria para um mito em que se apoiaria e buscaria, nos momentos de incerteza e desespero, solidão e dor.

Aliás, outra não tinha sido a posição de Karl Marx, ao afirmar que a religião funcionava como *"ópio"* para o povo, que a ela recorreria unicamente para esquecer ou anestesiar suas frustrações e desencontros existenciais.

Nietzsche chegou mesmo a declarar a morte de Deus, por desnecessário à Humanidade, que agora se entendia e se reconhecia exclusivamente *"matéria pensante"* destinada ao fim.

Todos eles, de certa forma, tinham razão; uma razão

parcial. Enxergavam o problema por um ângulo apenas dedutivo. Viam o particular e o generalizavam como se fora lei universal.

Assim, é verdade que o homem frustrado, sofrido, desiludido, na falta de uma personalidade palpável que o possa amparar, fortalecer e auxiliar, segue sua própria intuição e procura, de forma humilde, reconhecendo-se ínfimo ante as forças colossais do Universo, o desconhecido, o transcendental. Isso, no entanto, não necessariamente resultaria da criação do que não existe, primeiro porque desde as mais remotas eras, o ser, por mais primitivo, já manifestava sua crença na Divindade; depois, porque mesmo pessoas que ainda possuem seus pais trazem também em seu imo a idéia da existência de Deus.

A religião, é verdade, tem funcionado, indevidamente, como ópio para aquelas populações necessitadas, sendo imposta pelas elites poderosas e permitindo, pela criação das penalidades eternas, do inferno e de um deus vingativo, colérico e temperamental, o amordaçamento social e a estagnação espiritual de levas de homens e mulheres, que se tornavam (e ainda se tornam) alienados diante da vida.

É importante, entretanto, compreender que as religiões sociais, hierarquizadas, comprometidas com o poder, apenas se aproveitam da natural religiosidade do povo para manietá-lo. Além do que, o fato de não incitar o indivíduo para a luta armada, para a agressividade, para

76 Evolução...

a selvageria, não significa o seu despreparo para reconhecer-se filho de Deus, entender-se como um ser imortal e, conseqüentemente, com direito a pelo menos um mínimo de dignidade. A sua condição imortal e a sua filiação divina antes estimula-o a não abandonar a luta pacífica por melhores dias na Terra, pela instalação da fraternidade, da igualdade de direitos e deveres, da solidariedade e do respeito à vida.

Mudam apenas os caminhos, a metodologia tática, as formas de luta para a consecução dos seus objetivos.

Bastante analisar-se a luta do Mahatma Gandhi pela libertação da Índia, erguendo invariavelmente a bandeira da *"não violência"* e, ao final, conseguindo o seu intento.

É indiscutível que os mais "espertos" ou mais inconscientes ou mais grosseiros têm manobrado as gentes mais humildes e mais passivas na sua relação com a Divindade, o que não implica seja ou deva ser o exercício da religiosidade sempre desta forma.

E Deus? Estaria mesmo morto? Morto está deus, com certeza. Aquele deus desrespeitoso, vicioso, irascível, imperfeito, vingativo. O deus que espalha o terror, a morte, o sofrimento eterno, que se compraz com a dor humana. Este há muito morreu, embora ainda agonize cruel para muitos.

Mas Deus, *"Inteligência Suprema, Causa Primária de todas as coisas"*, cada vez mais se nos mostra em sua eternidade. O Criador, amoroso, compassivo, inatingível pelas fraquezas humanas, capaz de nos perdoar infinitas vezes, não por se sentir ofendido, mas por muito nos amar, vela por todos e a todos alenta a continuar na busca da felicidade inexorável destino de todos nós. É Ele o nosso porto-abrigo compulsório na forma desse destino, embora conceda-nos a participação indispensável no processo permanente de desenvolvimento anímico.

Deus, cada vez mais é por nós sentido, compreendido, aceito, adorado conscientemente. Morreu o deus criado pelo homem, fraco e imperfeito como ele próprio. A Divindade Criadora, porém, vibra amorosamente em todos os recantos do Universo e envolve a toda a Humanidade com Seu inefável amor.

A despeito dessa situação lamentável de descrença e de vaidade, embora compreensível, mesmo nos meios intelectuais e científicos, jamais deixou-se de contar com aqueles que não adotavam o niilismo completo. Louis Pasteur (1822-1895), por exemplo, notável químico e biologista francês, que revolucionou a terapêutica com a *"assepsia"*, afirmava:

"Um pouco de ciência nos afasta de Deus... Muito, nos aproxima"[45].

f) Albert Einstein

O século XX, embora toda a dificuldade enfrentada pelo homem em seu aspecto moral, vem documentar uma

---

[45] **Globo Ciência. Ob. cit.**

78 Evolução...

mudança na mentalidade dos cientistas em relação a Deus.

Essa mudança, no entanto, indiscutivelmente está relacionada com a irrevogável tendência à mudança dos paradigmas científicos, que tem as suas bases no legado do maior dos cientistas contemporâneos, Albert Einstein, em sua *"Teoria da Relatividade"*.

Aliás, Einstein, de origem judaica, não descartava Deus de suas conjecturas. Muito pelo contrário! Pois, segundo ele próprio, o impulso que o impelia à busca contínua de respostas às questões físicas, era *"um sentimento cósmico religioso"*[46].

É óbvio, no entanto, que Einstein não concebia Deus com as características deformantes traçadas pelas religiões dominantes. Entendia ele que religião e ciência são faces da mesma moeda e, por isso, não necessariamente devem estar dissociadas, antes o oposto[47]. Em verdade, sua opinião é de que uma complementa a outra em seus estados fronteiriços do conhecimento.

A Física Quântica de Niels Bohr e outros pesquisadores como Marx Planck, Werner Heisenberg e Erwin Schrödinger, vem associar-se à Teoria da

---

[46] Globo Ciência. Ob. cit.

[47] Observar a semelhança com a mensagem espírita veiculada mais de meio século antes dele e colocada de maneira clara em *"O Evangelho Segundo o Espiritismo"* (Cap. I, 08): *"A Ciência e a Religião são as duas alavancas da inteligência humana. Uma revela as leis do mundo material e a outra as leis do mundo moral. Mas aquelas e estas leis, tendo o mesmo princípio que é Deus, não podem contradizer-se"*.

Relatividade para implementar a incontestável mudança dos paradigmas científicos vigentes.

g) Deus e os cientistas na atualidade

Cada vez mais os cientistas vêm abandonando suas antigas e desgastadas cidadelas materialonas para, no mínimo, uma posição aberta (e muito mais científica!) de busca da verdade, o que já é um grande passo dado na direção do transcendental, de uma visão mais abrangente da vida, de uma compreensão mais próxima da realidade de Deus.

Não há dúvida — e já se fez mesmo pesquisa de opinião a respeito — de que os cientistas continuam tendendo a responder negativamente, quando indagados de sua crença em Deus. Mas o fato deve-se, ora a um certo orgulho e manutenção de uma tradição dos tempos modernos (não contemporâneos!), em que o cientista para se mostrar maior e mais senhor do saber deveria, antes de tudo, abandonar a idéia do Criador; e também à sua forma bem diferente de perceber e sentir a Divindade, levando-se em conta a permanência da noção, ainda presente em nossos dias, de um *"deus antropomórfico"* imposto, não mais a *"ferro"*, mas com certeza ainda a *"fogo"*... do inferno e ao *"poder"* de um satanás cada vez mais propalado pelas religiões tradicionalistas.

Mas também não há dúvida de que os cientistas, mais e mais, vêm buscando e até necessitando da idéia sobre Deus, como criador — mente transcendental —, para a

80 Evolução...

explicação de inumeráveis fatos de ordem científica, visto que quanto mais conhecimento vai acumulando o homem, mais vai sendo impelido compulsoriamente na direção da Mente Diretora do Universo.

A Física Quântica vai conduzindo o ser humano para as regiões fronteiriças entre a vida e a morte, a matéria e o espírito, o físico e o extra-físico. Suas proposições, por vezes, chegam a assustar até mesmo pessoas espiritualistas, pela sua audácia. Além do que, suas possibilidades parecem ilimitadas.

Em todos os setores científicos há uma imensa reviravolta e, embora a persistência de muitos retardatários e conservadores, grande é o número daqueles que já perlustram os primeiros trechos de um futuro onde as idéias espíritas firmar-se-ão sob o respaldo científico, ganhando foros de cidadania nas Universidades.

É o que ocorre, por exemplo, com a Psicologia. Esta, a despeito de etimologicamente significar *"estudo da alma"*, vem já há algum tempo, apresentando um comportamento paradoxal, como o mais materialista dos ramos da Ciência. Mesmo nela, porém, há os inúmeros lidadores de caminhos conducentes à visão do espírito, surgindo inclusive uma divisão, intitulada de *"a quarta onda"*, a Psicologia Transpessoal.

A Parapsicologia que, por necessidade de identificar-se — e ser aceita — como disciplina científica, inicialmente centrou sua pesquisa nos potenciais anímicos do ser humano, tornando a provar (o Espiritismo já o

Francisco Cajazeiras 81

fizera) ser o homem constituído de uma parte extra-física, agora ampliou seus radares de pesquisa para o campo do espírito, criando um segmento específico para este fim, dentro de sua classificação fenomênica — *os fenômenos psi-theta.*

Daí encontrarmos trabalhos muito bem dirigidos, do ponto de vista metodológico, na área da reencarnação ou memória extra-cerebral, termo criado pelo Prof. Banerjee, da Universidade de Jaipur, na Índia, para não sofrer a rejeição dos outros cientistas.

Também podemos citar os fenômenos da comunicação dos Espíritos através de instrumentos, a chamada Transcomunicação Instrumental — TCI —, onde os *"mortos"* se comunicam através dos mais diversos instrumentos (gravadores, televisão, telefone, fax, computadores...).

No século passado e albores do nosso, os cientistas conjugavam seus esforços para a pesquisa dos fenômenos psíquicos objetivos. Agora, continua-se a estudá-los, muito embora com a participação indiscutível dos aparelhos eletro-eletrônicos. Além disso, são os postulados espíritas cada vez mais reforçados pelos estudos científicos: a imortalidade da alma, a existência de mundos paralelos, a comunicabilidade dos Espíritos, a reencarnação, a lei de ação e reação...

5

VISÃO ESPÍRITA DE DEUS

●

Ainda hoje, é comum se ouvir da parte dos detratores e inimigos do Espiritismo a falsa assertiva de que os espíritas somos ateus, seja por total desconhecimento doutrinário, seja mesmo na tentativa dolosa de confundir as criaturas simpatizantes ou de engendrar e manter um preconceito no seio da comunidade. Allan Kardec já afirmava dar-se isso em função da força da idéia espírita e conseqüentemente do receio daqueles seus opositores

84 Evolução...

de que a mesma se expanda em caráter irrevogável como tudo leva a crer. Aliás, a respeito das perseguições promovidas contra o trabalho espírita, o Espírito Anatole France, em mensagem psicografada em 1º. de fevereiro de 1997, com o título *"Tempos Difíceis"*[48], dirige-se aos obreiros do Instituto de Cultura Espírita do Ceará (ICE-CE), trazendo a sua advertência: *"Retemperai vossas forças na certeza de que não se usam grandes bombardeios em pequenas cidadelas"*.

Portanto, se predominam o ódio e a fúria contra as idéias espiritistas, da parte dos que se postam nas crenças dominantes, isto é o sinal do reconhecimento da grandeza e possibilidade de transformação dos dogmas e das posturas arcaicas e estagnadas a partir dessas novas idéias.

Aliás, rotular os espiritistas de ateus é a reincidência de erros pretéritos; é a reedição das atitudes impostas nos primórdios do Cristianismo aos protocristãos.

Ora, a crença em Deus é o princípio primeiro da Doutrina dos Espíritos, a pilastra central de seus arrazoados teóricos e de suas conclusões, após a aplicação da Lógica e da Razão na análise das coisas. Tanto assim que o assunto já é abordado por Allan Kardec, em seus questionamentos aos Espíritos reveladores, na sua primeira investida, na questão de número um da primeira obra da Codificação, *"O Livro dos Espíritos":*

---

[48] **Psicografada através do médium Francisco Cajazeiras**

Francisco Cajazeiras 85

"Que é Deus?".

A dificuldade que têm alguns dos seus inimigos declarados em assimilar a idéia espírita de Deus é, aliás, a mesma que se apoderou dos romanos e dos gentios em geral quanto ao entendimento da conceituação cristã sobre a Divindade. De fato, pela razão única de se pensar a respeito do Criador, sempre se acirraram as discussões e se considerou descrente o que não se alinha ideologicamente com o situacionismo religioso. Ainda uma vez o egoísmo e a pretensão da posse exclusiva da verdade! Por esse motivo mesmo, os primeiros cristãos eram também considerados por seus coevos como ateus. Pelo menos é o que nos mostra a História, aqui representada por este trecho do livro *"Judaísmo e Cristianismo Antigo"*[49]:

"Ateísmo e misantropia constituíam as acusações fundamentais de que eram objeto (os cristãos). *A estas, porém, associavam-se calúnias diversas, como o incesto, antropofagia e assassínio ritual(...)"*

Nada mais é a Doutrina Espírita do que o retorno de Jesus, através dos seus ensinamentos clarificados pela dissolução das deformações sobre eles aplicadas e, de

---

[49] **SIMON, Marcel & BENOIT, André.** – *"Judaísmo e Cristianismo Antigo".* **Trad. Sônia Maria S. Lacerda. Livraria Pioneira Ed. & Editora da Universidade de São Paulo, pág. 121. São Paulo: 1987.**

86 Evolução...

outra forma, ampliados pela maior capacidade de assimilação pela humanidade, facilitada, de outro modo, pelos recursos científicos dispostos no cotidiano de nossos tempos. Ela é, pois, sem nenhuma dúvida, o Consolador Prometido[50] pelo Rabi da Galiléia e, conseqüentemente, o **Cristianismo Redivivo**.

Tem por desiderato reacender a moral cristã e contribuir para a instalação do Reino de Paz e Fraternidade no mundo, através da conscientização de cada um a respeito de si mesmo, da sua essência, do porquê das relações entre os homens e da sua destinação futura; pela popularização das verdades e princípios antes detidos (e manipulados) por uns poucos em detrimento da massa.

Vem iluminar o mundo e instalar a *"Era do Espírito"*, extinguindo completamente o materialismo, ao mesmo tempo que propicia, aos diversos grupos religiosos, as possibilidades de obterem as provas sobre o que vêm pregando em suas bases, fazendo com que as questões inerentes ao espírito possam merecer o destaque a que fazem jus.

Desta maneira vai promovendo o delineamento dos contornos do *Reino de Deus na Terra* que irá se instalando paulatinamente, a partir da elevação do orbe terreno à condição de *"mundo de regeneração"*, fato que se processará no decorrer do milênio vindouro.

Mas, dizia eu, a obra primeira da Codificação

---

[50] João, 14:15-17,26.

Espírita, *"O Livro dos Espíritos"*, inicia as suas 1019 questões indagando sobre a Divindade e dedica todo o primeiro capítulo do *"Livro Primeiro"* (sua primeira parte) ao estudo de Deus, bem como os primeiro e segundo capítulos do Livro Terceiro (sua terceira parte) ao estudo das Leis Divinas e Lei de Adoração, respectivamente. Além disso, vamos encontrar em *"O Evangelho Segundo o Espiritismo"* considerações sobre as grandes revelações do Criador, logo em seu primeiro capítulo. E isso tudo, sem contarmos que em toda a Obra Kardeciana há freqüentes referências à Divindade tanto pelo Codificador, como também pelos Numes Reveladores.

Em *"O Céu e o Inferno (A Justiça Divina Segundo o Espiritismo)"*, Kardec discorre também sobre os atributos de Deus, a justiça divina, as leis de Deus e relaciona o progresso dos Espíritos com o Criador em todo o corpo da obra.

Depois, em *"A Gênese (Os Milagres e as Predições Segundo o Espiritismo)"*, vamos encontrar todo o seu terceiro capítulo versando sobre o Criador e, ainda, os primeiro e terceiro capítulos reportando-se aquele às relações de Deus com a Humanidade (as revelações) e este último a digressões sobre o Bem e o Mal.

A) Existe Uma Teologia Espírita?

Muitos podem se surpreender com a terminologia aqui empregada, imaginando não ser possível afirmar-se a existência de uma Teologia Espírita. Esta posição pode

88 Evolução...

ser (e em grande parte o é) uma decorrência do desconhecimento do conceito primitivo do vocábulo em uso, como também a estigmatização sofrida pelo mesmo com a adoção de uma Teologia Católica e, em seguida, de uma Teologia Reformista.

Em decorrência disso, faz-se necessário lembrar que **teologia** é uma palavra originada do grego *"theología"*, com o significado etimológico de *"a ciência de Deus"* ou *"o estudo de Deus"*.

O termo, interessa saber, não é de origem cristã, tendo sido utilizado pela primeira vez entre os seguidores de Jesus, somente por volta do IV século, mais entre os grupos do oriente e, ainda assim, com muita reserva. A verdade é que somente passou a ser empregado rotineiramente a partir do XII século.

A este respeito, afirma Roque Frangiotti, teólogo católico brasileiro, ex-diretor do Instituto Teológico de São Paulo:

(...) o termo teologia não encontrou acolhida, especialmente nas igrejas latinas. De fato, é só no século XII, com Abelardo, que a teologia começará a ser concebida como ciência e a ser empregada habitualmente"[51].

E, ainda:

"Nem mesmo Tomás de Aquino emprega o termo

---

[51] **FRANGIOTTI, Roque.** – História da Teologia (Período Patrístico), Ed. Paulinas. São Paulo, 1992.

Francisco Cajazeiras 89

teologia com freqüência"[52].

Vejamos agora algumas conceituações de Teologia:
· no Dicionário do Aurélio Buarque de Holanda:
"Estudo das questões referentes ao conhecimento da divindade, de seus atributos e relações com o mundo e com os homens, e à verdade religiosa"[53].

É bem verdade que o Aurélio dá, além dessa, uma conceituação restritiva de *"estudo dos textos sagrados, dogmas e tradições do cristianismo"*, pinçada da Igreja.
· no Lello[54]:
"Ciência da religião, das coisas divinas: a teologia católica. Doutrina religiosa: a teologia da Igreja"[49].
· na visão católica[55] :
"Ciência que, por meio da razão e da revelação divina, trata de Deus e das relações das criaturas com Deus".

Aqui, vamos encontrar uma divisão da Teologia em:
*Teologia Natural — usa apenas a razão para a compreensão de Deus, sem levar em conta a revelação.
*Teologia Sobrenatural — basificada na revelação.
*Teologia Moral — segmento da ciência teológica

---

[52] **FRANGIOTTI, Roque. - História da Teologia (Período Patrístico). Ed. Paulinas. São Paulo; 1992**
[53] **HOLANDA, Aurélio Buarque. —** *"Novo Dicionário da Língua Portuguesa"*
[54] **LELLO, José & LELLO, Edgar. - "Dicionário Prático Ilustrado". Porto-Portugal.**
[55] **BÍBLIA SAGRADA. Dicionário Prático. Trad. Pe. Antônio Pereira de Figueiredo. 1969, pág. 265, Ed. BARSA, Rio de Janeiro.**

90 Evolução...

que estuda o código de comportamento humano estruturado na revelação divina.

É bem verdade que, na visão católica, somente se considera Teologia o conjunto de estudos da Divindade que tem por base os ensinamentos de Jesus e, ainda assim, exclusivamente os sancionados como cristãos pelo Vaticano...

Entretanto, levando-se em conta o que já explicamos quanto à origem da palavra e as suas conceituações; e, ainda, que o Espiritismo promove estudos acerca da Divindade, dos Seus atributos, das Suas relações com os homens e das implicações morais disso decorrentes, fácil é concluir pela existência de uma Teologia Espírita. Aliás, o Prof. José Herculano Pires assim pensava, como se observa em trechos do seu livro *"O Espírito e o Tempo"*[56]:

"A teologia espírita é a parte da doutrina que trata de Deus, que procura estudá-lo, dentro das limitações da nossa capacidade cognitiva".

Sendo assim, poder-se-ia, se houvesse necessidade, dividir a Teologia Espírita em:

a) Teologia Natural – decorrente das elucubrações do Codificador e dos seus seguidores, baseados na Lógica e na Razão.

b) Teologia Mediúnica – através da qual, o Criador

---

[56] **PIRES, J.** Herculano – *"O Espírito e o Tempo"*. 2ª parte, cap. **IV.** **EDICEL, Brasília-DF**

nos fornece na voz dos Seus mensageiros do Além, no caso o Espírito da Verdade e sua falange, ensinamentos sobre Si mesmo, para consolo e esperança de toda a Humanidade.

c) Teologia Moral – resultante da moral ensinada e vivenciada pelo Mestre de Nazaré, estrutura e forma da moral espírita.

Naturalmente que a Teologia Espírita não se utiliza do misticismo nem de simbologias característicos de outras cogitações teológicas; antes aplica o seu método racional e a lógica para chegar às suas conclusões. Aceita e adota a Revelação, classificando-a, no entanto, em Divina e Humana: a primeira, resultante da veiculação mediúnica, a partir de onde os Espíritos responsáveis pela evolução do conhecimento humano no que concerne ao transcendental cumprem os desígnios divinos de trazer ao homem encarnado, de forma paulatina, em consonância com a sua capacidade de apreender seu significado, as informações indispensáveis ao seu progresso; a segunda, fruto do trabalho perseverante dos responsáveis, no plano físico, pela fixação daquela mensagem.

Sendo assim, é de se compreender que há uma Teologia Espírita e que a mesma é compatível com a sua estrutura destituída de materialidades, embora palpável sob a óptica da racionalidade e, por esse motivo mesmo, falando diretamente à mente e aos corações de todas as criaturas, doutas ou simplórias, jovens ou maduras, pois que mais depende para a sua compreensão do

92   Evolução...

"amadurecimento do senso moral"[57] do que de outros
parâmetros sócio-culturais.

A Teologia Espírita destina-se ao esclarecimento de
todas as pessoas, objetiva mesmo essa compreensão, pois
não se perde em labirintos dispensáveis e estéreis —
destinados à vaidade de uma elite — e também não lhe
interessa o domínio material/temporal sobre este ou aquele
grupo, esta ou aquela comunidade, tendo em vista que
nem mesmo o proselitismo faz parte de seus propósitos,
mas exclusivamente promover a educação do Espírito.

II) Elementos de Teologia Espírita

A) A Essência Divina

*"Deus é a inteligência suprema, causa primária de
todas as coisas"*, eis a resposta dos Espíritos Reveladores
ao questionamento de Allan Kardec *"Que é Deus?"*[58].

Assim, observamos que o Codificador não se expôs
à acusação de haver induzido os Espíritos (ou
sugestionado os médiuns) a uma resposta, ao formular,
"que é", ao invés de *"quem é"* ou *"o que é"*, abstendo-
se desta maneira de personalizar a Divindade ou sugerir
qualquer conceituação. Em outras palavras, Kardec

---

[57] **KARDEC, Allan.** – *"O Evangelho Segundo o Espiritismo"*. Cap. **XVII,
item 04.**
[58] **Questão de número 01 de "O Livro dos Espíritos".**

Francisco Cajazeiras

deixava de lado as suas impressões e os próprios conceitos para deixar livre a resposta dos Espíritos. Por outro lado, que maravilha de resposta: sintética e completa. E, quando o Mestre de Lyon buscou maior desenvolvimento a esta resposta, lembraram-lhe os Numes Tutelares das dificuldades que ele iria enfrentar na busca de maior aprofundamento, em função do ainda limitado conhecimento humano, apesar de todo o desenvolvimento científico-tecnológico.

Ocorre que a Divindade somente poderá ser, nos nossos dias, compreendida pelos Seus atributos e não por Sua essência, a qual estamos longe de apreender. Outra maneira a se procurar compreender-Lhe é pela conclusão daquilo que a Divindade não poderia ser, sob pena de se tornar incompleta ou limitada em Suas possibilidades.

Ora, se nem mesmo a nossa própria essência ainda conseguimos bem atinar!...

O que sabemos é que fomos criados à semelhança do Criador: na essência e no conjunto de virtudes em potencial que conduzimos no mais profundo do nosso ser.

Acerca disso o Prof. J. Herculano Pires afirma:

"(...) é na razão que temos a imagem de Deus no homem, não em sua forma corporal, que o assemelha aos símios"[59].

Mas, com esta resposta, a Teologia Espírita

---

[59] PIRES, J. Herculano. - "Concepção Existencial de Deus". 2ª edição. cap. VI, pág. 51, Editora Paidéia, São Paulo/1992.

94 Evolução...

estabelece a sua noção do Criador: um **ser existente**, posto que pensante, não obstante extra-humano; **definido**, embora abstrato; onipresente e onisciente, muito embora descartando-se o panteísmo; onipotente, infinito e perfeito em suas qualidades e, portanto, incapaz de obrar a mais mínima das imperfeições. Enfim, a personificação do Bem e do Amor. ***"Bom só Deus"***[60], como afirmava Jesus.

O Espiritismo vem demolir, de uma vez por todas, a idéia de um deus com as imperfeições e as inquietações humanas, de um deus antropomórfico ou mesmo de um deus metafórico. E vem demonstrar, usando da lógica e do bom senso, que Deus é um ser ativo em todos os momentos, participativo, palpável pela Lógica e sondável em Sua obra. Necessário e mesmo indispensável, para uma explicação plausível, convincente e unificada da origem de todas as coisas. É o caminhar para o pensamento científico sobre o ser da Divindade. É o respaldo indispensável às indagações científicas sobre cosmogonia.

Utiliza-se a Teologia Espírita de axiomas científicos[61] para referendar a existência divina, dentre os quais podemos realçar:

"O acaso não existe".

"Para um efeito inteligente, há que existir uma causa inteligente".

---

[60] JESUS. - Lucas, 18:19.
[61] KARDEC, Allan. "O Livro dos Espíritos". Livro Primeiro, cap. I.

"Julga-se o poder de uma inteligência pela sua obra".

Ora, observemos a natureza! A sua beleza, a sua harmonia, a sua funcionalidade. Do macro ao microcosmo não há como duvidar de ter sido uma única a inteligência criadora. Sim, inteligência criadora! Porque não temos como conciliar, por exemplo, a integração dos sistemas estelares, dos sistemas planetários, dos ecossistemas, dos sistemas orgânicos! Compare-se a dinâmica de um sistema planetário e a descrição das partículas de um átomo. Analisemos as mais lúcidas integrações anatomofuncionais: órgãos com forma e tamanho específicos para cada função; a integração neuroendócrina no organismo. A eficiente troca gasosa ao nível alveolocapilar. E os estudos microscópicos! A ultramicroscopia mostrando os constituintes das células, sua especialização.

Não dá mesmo para acreditar que tudo isso se fez ao acaso!

Há, indiscutivelmente, por trás de tudo isto, uma Inteligência Maior que a tudo administra e rege através de leis imutáveis.

Alguém já chegou a afirmar que imaginar-se toda a criação como uma obra do acaso é o mesmo que aceitar como factível uma experiência em que se colecionem bilhões e bilhões de letras, para depois, alçando-as todas para o alto, obter-se como resultado, à medida que elas forem caindo, a formação das páginas de um grande e

96 Evolução...

volumoso dicionário. Ou seja, todas as letras formariam palavras, em ordem alfabética e, no seu conjunto, teríamos um novo dicionário.

Não temos outra forma de entender a Divindade, senão através da Sua obra. Mas, afinal de contas, não é lícito perceber-se ou pelo menos ter uma idéia do Autor, analisando-lhe o produto? Então, vasculhemos com as ferramentas "paleolíticas" de que dispomos todo o possível da natureza macro e microscópica. Detenhamo-nos, por instantes, sobre a indumentária biológica que nos abriga em nossas peregrinações pelo mundo das formas e das experiências mais densificadas, capazes de marcar profundamente a essência pensante que somos todos nós!...

O modelo e a arquitetura funcionais são perfeitamente conciliantes com a vida terrena: a composição pilosa, a textura cutânea, o fino acabamento das formas, a dinâmica muscular, a resistência e elasticidade tendinosas, a precisão das alavancas articulares...

E a harmonia dos departamentos orgânicos, o cálculo de proporcionalidade entre as suas partes, a perfeita interação, a sincronia entre os seus múltiplos sistemas...

E o sistema cardiovascular? A bomba cardíaca com as suas quatro cavidades, o sistema de vasos sangüíneos, as variações e a regulação automática da tensão arterial, sob as mais diversas necessidades sangüíneas do dia-a-dia...

E o sistema nervoso? Um mundo maravilhoso! Os

neurônios e os impulsos elétricos que vão e vêm por caminhos predeterminados e, no entanto, quantas possibilidades decorrentes das relações sinápticas! Os múltiplos neurotransmissores na sinalização química das funções nervosas... Cem bilhões de neurônios para um quatrilhão de sinapses nervosas!... Tudo isso faz o mais intrincado modelo de informática parecer brinquedo de criança!

E a estrutura intracelular? Outro mundo! Outra maravilha! As "casas de força" e as "usinas proteicas" ultramicroscópicas! Os genes e os caracteres múltiplos e diferenciados...

Tudo obra do "acaso"? Que acaso inteligente!...

Ah! As células germinativas masculina e feminina com potenciais multiplicativos e informações no código genético e... nada mais! Será? Mas quem criou as células e os seus códigos, todos indiscutivelmente gerenciados por uma inteligência? E que inteligência? A do Espírito que somos todos nós que, por sua vez, foi criado por uma Inteligência Máxima regente de tudo e à qual se pode chamar pela designação que se quiser, muito embora isso não a faça mudar a própria essência em um micron sequer. Mana, Tupã, Zeus, Júpiter, Jeová, Alá, Deus, Pai, Inteligência Suprema...

Nós somos como deuses para o nosso corpo físico, pois o criamos (co-criamos) e o gerenciamos e o conduzimos.

As sociedades são formadas, por sua vez, pelas

98 Evolução...

células que somos todos nós do grande organismo que é a Humanidade e, no entanto, mantemos a nossa individualidade. Existimos. Somos. Embora imersos no Infinito e ínfimas partículas da criação, existimos e a cada dia mais nos conscientizamos desta realidade.

Do micro ao macrocosmo tudo se encadeia e denota a fulgurante Inteligência Divina!

Mas se não nos é possível, ainda, conhecer a essência divina — a despeito de a ela nos assemelharmos em espírito —, é-nos proporcionado o estudo de suas faculdades ou pelo menos daquelas qualidades que podemos entender e, que por se constituírem nas mesmas que buscamos para o alcance da própria felicidade, são para nós de mais fácil entendimento.

Então, conhecemos Deus pela Sua obra e pelas virtudes que Ele detém e das quais somos herdeiros.

B) As Qualidades e Virtudes Divinas

É indiscutível que mesmo com todo o desenvolvimento da intelectualidade ainda não conseguimos adentrar a divina essência e, dessa forma, procuramos observar as qualidades inerentes ao Pai Criador, baseando-nos muito mais naquilo que estaria em acordo com os seus atributos maiores, condição de seu inalterável domínio sobre o universo.

A esse respeito, o Espírito Roger Vermont[62] traz-

---

[62] **Mensagem psicografada pelo médium Francisco Cajazeiras**

Francisco Cajazeiras

nos um poema que ressalta uma dessas suas qualidades: a onipresença. Atentemos para os seus versos:

IMANÊNCIA

No céu sobre as cabeças murmurantes
Em festival de cores espumantes...
No Sol que emerge em brilho no nascente
Ou rubro deita inteiro no poente...

E na manhã que canta nos quadrantes
Da vida dos que choram expiantes,
Ao chilrear alegre e fremente
De emplumado cantor, meigo e dolente...

E nas tonalidades verdejantes
Da mata que tece estonteantes
Botões de rosa e flores em pingente
Acima, abaixo, ao lado e à frente...

Nas cordas e nas teclas de um poema
E nas ondas de embalo da canção...
Na voz que doce diz uma oração
E nas telas dos olhos todo o tema...

Toca os raios d'ouro flamejantes;
A força e a luz e o som vibrantes –
O amor que a tudo envolve Imanente:
O Pai, o Criador Onisciente!

100 Evolução...

B₁) Eternidade – O Criador é eterno, o que significa: não tem princípio nem fim. Ora, se Deus tivesse um princípio, certamente existiria algo antes dele que o teria criado e, portanto, esse "algo" é que seria deus. É, pois, condição primeira do Criador a sua eternidade. Nós outros, Suas criaturas, rigorosamente não somos eternos, posto termos tido um começo. O que somos, em verdade, é imortais, ou seja, indestrutíveis. Podemos estar (não ser, porque somos Espíritos em transformação) corrompidos ou corruptores, refratários ao Bem e recalcitrantes no mal, resistentes à Luz e fomentadores das trevas, passíveis das mais aberrantes condutas... mas ainda, assim, somos imortais e filhos de Deus.

B₂) Unicidade – para que haja unidade e harmonia universais, faz-se indispensável que o Criador seja único, posto que, em caso contrário, teríamos a criação se processando de forma diversificada em sua gênese, entrando mesmo em conflito uma com a outra ação. E se admitíssemos dois seres incompletos com poderes que se associassem, seria de se esperar que um outro maior detivesse os potenciais dos dois. Ademais, considerar dois deuses diferentes com o mesmo poder, seria entender a Unidade parceladamente, o que mostraria um retrocesso ideológico, uma tendência de retorno ao Politeísmo.

B₃) Onipotência – Sendo único, detém em si todo o poder ou em outras palavras tudo pode. Óbvio, no entanto, que não entendamos agir Deus por puro proselitismo ou mesmo de maneira arbitrária. Assim, seria ilógico que

Ele destruísse as leis que Ele próprio criou apenas para mostrar-se grande, em infantil demonstração de força, posto ser a auto-exaltação uma característica dos fracos, dos indecisos e dos inseguros de sua própria potência e capacidade.

B_4) **Onisciência** – Através dessa qualidade, a Divindade a tudo conhece, em todos os lugares, a todas as instâncias, em todos os momentos. Detém a sabedoria e o conhecimento: o passado, o presente e o futuro. Aliás, entendamos que para Deus não existe o tempo regulamentado, até porque este foi uma sua criação para servir de instrumento de medição e avaliação das criaturas limitadas que somos nós. Deus é, portanto, senhor do tempo, como é o senhor da vida.

Se ao Criador escapasse algum detalhe do universo, por mínimo que fosse, algo que estivesse à revelia de Sua vontade, o controle sairia dele e as coisas poderiam ser modificadas pelas criaturas. Em verdade, as criaturas têm livre-arbítrio dentro de um limite que resulta em um caminho determinado para o alcance da felicidade pelo ser deambulante.

Aliás, a partir desta Sua qualidade, poderemos compreender que nenhuma de Suas criaturas estará perdida, pois se assim o fosse, Ele que tudo conhece, teria criado um ser destinado irreversivelmente ao mal e à perdição, o que entraria em confronto com um outro Seu atributo: a infinita bondade.

B_5) **Imutabilidade** – Deus é imutável. Ele é pleno.

102 Evolução...

É infinito em suas virtudes. Se fosse suscetível a transformações é que estaria pior e viria a melhorar ou sendo bom, regrediria. Isso seria o bastante para dar instabilidade para o universo... Destarte, não é a Divindade que transmuda, mas a nossa capacidade de entendê-la, de percebê-la, de assimilar-lhe o caráter.

B₆) Imaterialidade – Sendo imutável não poderia jamais ser material, pelo fato de que a matéria está em constante modificação. Logo Deus criou a matéria, mas não tem nada de material. Pelo menos, não do que entendemos por matéria.

B₇) Onipresença – a Inteligência Suprema está presente em todos os lugares com o Seu Pensamento e através das Suas leis. Através deste atributo, o Criador é imanente a toda a criação, sem que, a esse despeito se Lhe retire o "ser", a individualidade, confundindo-O nas confusas idéias panteístas. O seu pensamento a tudo abrange concomitante.

B₈) Justiça e Bondade Soberanas – sendo infinito nas Suas virtudes não se pode atribuir-Lhe nenhum laivo de maldade, mas exclusiva bondade. Se a bondade é infinita, não há lugar para qualquer resquício de maldade, de vez que estes são sentimentos antagônicos; assim, pelo fato de envolver toda a Sua criação com um infinito amor, não há como crer-se de Sua expressão qualquer nuança de ódio, raiva ou vingança. Isto significa que Deus ama a todos indistintamente e que é através das Suas leis que Ele governa soberano, sem os envolvimentos humanos, mas traçando metas e determinando caminhos que irresistivelmente levem à felicidade plena, muito embora permita que o Espírito participe pela vontade, tomando as necessárias iniciativas. Por essas Suas qualidades depreende-se não fazerem sentido as penalidades eternas, os privilégios para esse ou aquele grupo, as preferências por essa ou aquela religião. E, em assim sendo, não há como negar ser transbordo de Sua misericórdia o processo palingenésico, a renovada chance de recuperação.

Aliás, o fenômeno das vidas sucessivas, sob a interpretação espírita, nada tem de punitivo, de sofrimento compulsório, de imposição tirânica às criaturas, mas sim o resultado do imenso amor e da misericórdia infinita que nos oferece a Inteligência Suprema, permitindo-nos, mesmo a despeito da nossa ignorância, caminhemos inexoravelmente na direção das bem-aventuranças sem fim com que nos presenteia. Através da reencarnação, Deus nos concede a todos as infinitas possibilidades de decidirmo-nos pelo caminho reto que nos liberta da inferioridade anímica. Por isso, para os espíritas, as transmigrações sucessivas representam uma bênção, uma dádiva divina, a prova da Sua incomensurável afeição pelos que palmilham os caminhos do progresso espiritual.

C) A Questão do Panteísmo

A antiga dificuldade de fazer a diferença entre a criatura e o Criador, aliada à intuição da imortalidade, da transcendentalidade da vida e da perfectibilidade do ser,

104 Evolução...

da similitude Criador/criatura, culminaram com a criação de uma doutrina onde se confunde Deus com o conjunto dos pensamentos e dos elementos físicos e espirituais existentes ou vice-versa, o que significa, o conjunto de todo o existente representaria a Divindade.

No século XVII, o filósofo holandês Baraduch Espinosa[63] passou a adotar a doutrina panteísta. Este fato representa indubitavelmente a primeira ruptura palpável, pelo menos no Ocidente, com a idéia do deus antropomorfizado, cultuado até então. É óbvia a impropriedade da proposta panteísta porque, destitui ao Ser Supremo a Sua individualização. Além do que, pelo menos em parte, confere-Lhe uma materialidade. Ora, como a matéria está em perene transformação, de acordo com essa proposta aqui analisada, também Deus estaria em constante mutação, vindo a afetar-Lhe sem dúvida o Seu atributo da *"imutabilidade"*. Deste ponto de vista, Deus poderia mudar e se isso acontecesse tudo se tornaria instável: o que hoje fosse uma lei universal, amanhã poderia não mais representar a vontade divina. A respeito das doutrinas panteístas, vejamos o comentário de Kardec[64]:

"Não sabemos tudo que ele (Deus) *é, mas sabemos aquilo que não pode ser e este sistema* (Panteísmo) *está*

---

[63] (1632–1677) Filósofo holandês, de origem portuguesa, nascido em Amsterdam, autor de *"Ética"* e da teoria mais rigorosa acerca do panteísmo.

[64] KARDEC, Allan *in "O Livro dos Espíritos", perg. 16.*

Francisco Cajazeiras

em contradição com as suas propriedades mais essenciais, pois confunde o Criador com a criatura, precisamente como se quiséssemos que uma máquina engenhosa fosse parte integrante do mecânico que a concebeu".

Dessa maneira, é imperioso salientar ser o Criador uma Inteligência, uma Individualidade, um Ser, embora incorpóreo.

O Espiritismo, portanto, muito embora compreenda os motivos do seu aparecimento e formulação, não aceita, sob hipótese alguma, as discussões teóricas a respeito do panteísmo, inclusive aquelas decorrentes do ponto de vista espinosiano.

É ainda Allan Kardec quem afirma claramente, a esse propósito[65]:

"A inteligência de Deus se revela nas suas obras, como a de um pintor nos seus quadros, mas as obras de Deus não são o próprio Deus, como o quadro não é o pintor que o concebeu e executou."

Vejamos, agora, o entendimento do assunto, em forma de poesia, pelo Espírito Isidoro de Matos[66]:

---

[65] **KARDEC, Allan in "O Livro dos Espíritos", pag. 16**
[66] **Psicografado pelo médium Francisco Cajazeiras**

Evolução...

NATUREZA E DEUS

Natureza! enfoco-te a beleza,
Exalçando-te a simplicidade:
A flor — pura, estesia, ilesa —
Que acalma o olhar dorido, — herdade

De caminhos toscos; a verdura
De variegados tons; colorido
Da fauna pulsátil que murmura
Inaudito multilinguajar...

E o Globo, reflexo azulado
Da luz que o banha e nutre dos céus,
Do Sol fulgurante e generoso!...
Sentindo tal grandeza, extasiado,
Gratulado e petiz penso em Deus,
Pai de maravilhas, amoroso...

D) A Prece

Os Espíritos têm ensinado nas comunicações espíritas que nenhum ser, por mais abandonado que se ache, seja qual for a sua situação, desta ou daquela condição evolutiva, encarnado ou desencarnado, encontra-se órfão de amparo. Todos podem receber o auxílio

Francisco Cajazeiras

necessário para o desenvolvimento das suas necessidades espirituais — e, às vezes, até materiais — através da prece.

É por ela que qualquer um de nós pode aproximar o seu pensamento ao da Consciência Cósmica, auscultando-a e dela retirando a boa orientação e o alento indispensáveis para a continuidade da caminhada rumo ao Infinito.

Então, a prece é essa porta que se abre para nós a nos introduzir no átrio principal da Espiritualidade. É por ela que nos abastecemos com o combustível fluídico e vital imprescindível ao nosso bem-estar e à possibilidade realizadora dos nossos deveres para conosco e com os nossos semelhantes.

Na verdade, quando oramos fervorosa e corretamente, entramos em contato com os Espíritos protetores (nosso mesmo, do nosso lar, do nosso *habitat*) e com a Inteligência Suprema que a tudo envolve em sua imanência e que a tudo supre (em sua providência). Deus, portanto, a despeito de dirigir-nos através das suas Leis, não se encontra alheio à nossa existência; acompanha-nos de perto em nossas ações, até porque se o Pensamento Divino deixasse de por nós velar e acompanhar, tudo se desmoronaria. É por este motivo que o Apóstolo dos Gentios em seu discurso aos atenienses no Areópago, afirma categórico:

"Em Deus vivemos, nos movemos e existimos[67]".

---

[67] **Atos, 17:28**

108 Evolução...

É que o amor e o pensamento de Deus nos envolve em todos os instantes.

A prece é, pois, recurso de imensa validade do qual podemos nos utilizar em todos os instantes da nossa existência. Não há, rigorosamente, lugar ou situação que nos seja interdito orar. Para louvar, para rogar, para agradecer, para a manutenção de contato permanente com Deus e com os Espíritos mais evoluídos, qualquer que seja o motivo é-nos imperioso e produtivo orar.

A questão é que, muito comumente, não se sabe orar convenientemente. E por quê? Porque muita gente imagina que a qualidade da prece está subordinada à estrutura fraseológica. É bem verdade que quando se utiliza o vernáculo corretamente e com arte, consegue-se dar uma forma que poderá tocar as pessoas, mas se não existir sentimento, veracidade no que é afirmado, compreensão daquilo que se exprime, bem de pouca valia será a referida prece. Preciso pois colocar o coração e a razão no diálogo que encetamos com o Mais Alto. Daí o porquê de, nas preces decoradas, nas chamadas *"rezas"* não se obterem maiores resultados, de vez que, muito freqüentemente, nem mesmo se entende o que se repete labial e maquinalmente. Vale, porém, o que vai no íntimo, a vontade de se expressar, o anseio lançado ao éter na esperança de ser *"ouvido"* por Deus.

Como o pensamento tem por veículo de difusão o fluido, inclusive o Fluido Cósmico Universal, é natural que em nossas preces, além de rogarmos por nós mesmos, possamos orar pelos outros, pelo seu bem-estar, pela sua saúde (física ou espiritual), pelo seu equilíbrio, pela sua paz...

Destarte, podemos lançar no cosmos a nossa prece pelos desencarnados como forma de demonstrar nosso carinho e amor, mas também a nossa solidariedade e fraternidade. Onde quer que esteja o desencarnado por quem oramos, haverá ele de ser envolto pelo halo perfumado e balsamizante da prece sincera que lançamos aos céus em sua intenção. Com isso, ele se sentirá mais fortalecido e poderá mesmo ter seus sofrimentos amenizados, caso se encontre em regiões infelizes, ajudando-o, muitas vezes, a promover sua recuperação pela mudança de sintonia que consegue operar em resposta àquela prece fervorosa e sincera.

A esse respeito, o Espírito Irmão X conta-nos – no livro *"O Espírito de Verdade"*, pela psicografia de Francisco Cândido Xavier, editado pela Federação Espírita Brasileira – o caso de Barsabás, o tirano, odiado por inúmeras pessoas a quem prejudicou e que, ao desencarnar, manteve-se, por longo tempo, ligado ao próprio palácio e às suas riquezas, assistindo a venda e a partilha entre a esposa e os filhos da sua riqueza material, não sem atritos, mágoas e sentimentos de ódio, e sem nenhum pensamento positivo para ele, somente lembrado quando sua decisão em vida conflitava com os interesses de sua família, agora procedendo a partilha de seus antigos

110 Evolução...

pertences.

Barsabás entristeceu-se de tal forma que se fez escuridão aos seus olhos espirituais e ele vagou por tempo prolongado pelas plagas espirituais da dor e do sofrimento, ante o escárnio e a acusação dos companheiros das referidas regiões de sombra e aflição. Um dia, assomou-lhe à mente intenso desejo de orar e, através da prece mudou sua sintonia e vislumbrou recanto luminoso, onde foi atendido por trabalhador espiritual do Bem. Foi por este informado, haver chegado a Casa das Preces de Louvor, situada nas faixas inferiores do mundo espiritual. Como cintilassem aos seus olhos milhões de pontos luminosos, como estrelas fulgurantes, indagou do que se tratava e soube que aqueles pontos luminosos representavam preces originadas na Terra, por pessoas agradecidas ante o Bem recebido de companheiros de romagem terrena. Diante disso, soluçou Barsabás:

— "Ai de mim, eu jamais fiz o Bem!..."

Ao que retrucou-lhe o servidor amigo:

— "Em verdade, trazes contigo, em grandes sinais, o pranto e o sangue dos doentes e das viúvas, dos velhinhos e órfãos indefesos que despojaste, nos teus dias de invigilância e de crueldade; entretanto, tens aqui, em teu crédito, uma oração de louvor, pelo pão que deste de bom grado, há trinta e dois anos atrás, a uma criança faminta

Francisco Cajazeiras   111

que te agradeceu em prece ao Senhor da Vida..."

— "Jonakim, o enjeitado?!..."

— "Sim, ele mesmo. Segue a claridade do pão que deste, um dia, por amor, e livrar-te-ás, em definitivo, do sofrimento nas trevas."

Jonakim – narra-nos o Espírito Irmão X – contava então quarenta anos de idade e Barsabás reencarnou como seu filho, para novas oportunidades na Terra...

Vejamos, nesse exemplo, como a prece foi decisiva para apaziguar-lhe a mente sofrida. A sua prece foi capaz de abrir-lhe a percepção ao auxílio espiritual e a prece daquele a quem ajudara tanto tempo atrás foi o rastro de luz a lhe permitir a renovação.

Infelizmente nem sempre nos utilizamos devidamente desse fabuloso recurso, por descrença, indiferença ou falta de hábito.

Observemos as considerações poéticas do Espírito Raul Lemos[68], no soneto adiante de título: Prece.

---

[68] **Psicografia através do médium Francisco Cajazeiras**

PRECE

De repente, saltita no meu peito
O clangor que atormenta o coração.
Vai e vem, vem e vai, e embora estreito
Ganha o vão da minha imaginação.

E o pensar sai voando noite a dentro,
Vai em busca do que eu procuro em vão:
Para os lados, à frente, para o centro
Do universo, em forma de oração.

São meus ais que rebentam num lamento,
Em sonora mas reta confissão.
Representam, atores, meu tormento

Flutuando em vertentes de emoção.
E adormenta meu pranto o respirar
Desta prece que lanço a Deus no ar...

E) Deus, Jesus e o Espírito Santo

"Eu e o Pai somos um[69]".

---

[69] **João, 10:30.**

Francisco Cajazeiras

"No princípio era o verbo e o verbo era Deus e o verbo estava com Deus. (...) E o verbo se fez carne e habitou entre nós[70]".

"Eu sou o caminho, a verdade e a vida. Ninguém vai ao Pai senão por mim. Se me conheceis, também conhecereis a meu Pai[71]".

Estas são algumas passagens evangélicas, às quais se apegam aqueles que insistem em defender o nebuloso mistério da *"Santíssima Trindade"*. Deixa-se de atentar para um maior número de episódios descritos pelos evangelistas em que Jesus afirma claramente não ser Deus. Vejamos alguns deles.

"Por que me chamais de bom? Bom só o Pai que está nos céus[72]".

"Tudo me foi entregue por meu Pai e ninguém conhece quem é o filho senão o Pai e quem é o Pai senão o filho[73]".

"Se me amásseis, ficaríeis alegres por eu ir para o Pai, porque o Pai é maior do que eu[74]".

"(...) o mundo saberá que amo o Pai e faço como o Pai me ordenou[75]".

---

[70] João, 01:01,14.
[71] João, 14:06.
[72] Lucas, 18:19.
[73] Lucas, 10:22.
[74] João, 14:28.
[75] João, 14:30.

114 Evolução...

"Eu sou a verdadeira videira e meu Pai é o agricultor[76]*".*

"Passarão o céu e a terra. Minhas palavras, porém, não passarão. Daquele dia e da hora, ninguém sabe, nem os anjos do céu, nem o filho, somente o Pai[77]*"*

"Não falei por mim mesmo, mas o Pai, que me enviou, me prescreveu o que dizer e o que falar e sei que o seu mandamento é vida eterna. O que digo, portanto, eu o digo como o Pai me disse[78]*".*

"Pai, em tuas mãos entrego o meu espírito[79]*".*

E poderíamos citar muito mais. Resta-nos saber, o porquê da confusão sobre a divindade.

Em primeiro lugar, devemos salientar que os discípulos não acompanhavam o Mestre em capacidade intelectual nem moral e, pelo amor que alguns dedicavam ao Mestre, poderia haver a distorção. No entanto, parece que os cristãos dos primeiros três séculos tinham a Jesus como o Messias esperado, um profeta enviado por Deus e não o próprio Criador em carne e osso. Com o crescimento do movimento cristão no mundo e a sua aceitação pelo Império Romano, iniciou-se uma estruturação socializada e hierarquizada da Igreja que, inicialmente, nada mais era do que uma reunião de pessoas

---

[76] João, 15:01.
[77] Mateus, 24:36. Marcos, 13:32.
[78] João, 12:49-50.
[79] Lucas, 23:46.

Francisco Cajazeiras 115

para a assimilação dos ensinamentos do Nazareno. O Judaísmo, pelo orgulho de seus dirigentes, não se permitiu aceitar as idéias do Cristo, mantendo-se inalterável em sua postura formalista e inclusive à espera do tão sonhado Messias. Entretanto, parte importante dos adeptos do novo pensamento religioso tinha as suas origens nos ensinamentos de Moisés e conseqüentemente a Jeová como seu Deus e Senhor. Os seguidores da doutrina de Jesus mantiveram Jeová no posto divino e Jesus como um seu enviado, mas, à medida que se distanciavam do modelo mosaico, passaram alguns a nutrir o desejo de ter como o iniciador de sua religião o próprio Todo-poderoso e, assim, iniciou-se um movimento de divinização de Jesus, culminando com a realização do Concílio de Nicéia, no ano de 325 d.C., onde se decidiu que, a partir daquele momento, Jesus seria elevado à condição de Deus. Isto foi reafirmado no II Concílio de Constantinopla, no ano de 553, o mesmo em que se anatematizou o princípio das vidas sucessivas.

A partir daí, instituiu-se o dogma da *Santíssima Trindade*, onde se tenta escamotear a tendência politeísta de vários deuses com o mistério de *"um só deus, mas três pessoas distintas"*. Modelo, aliás, diga-se de passagem, copiado das religiões da Antigüidade, como da Índia, por exemplo.

Com este artifício, buscava-se dar maior autoridade a Jesus e por conseguinte à igreja que se estruturava, ao mesmo tempo em que se tentava amoldar o movimento

116 Evolução...

cristão às práticas e crenças politeístas vigentes em Roma. Os cristãos acomodavam os ensinamentos de Jesus aos anseios do Imperador e dos neocristãos romanos, do mesmo modo que alguns confrades fazem em relação às religiões vigentes em nosso meio, abrindo espaço para rituais, simbologias e "interpretações" (?) da mensagem espírita contida na Codificação.

Mas, afinal, quem é Jesus para os espíritas? É o mestre por excelência, o Espírito de maior pureza que já adentrou a nossa atmosfera material, aquele que foi enviado por Deus para levedar a massa do progresso espiritual, o modelo maior a ser seguido por todos os homens. *O médium de Deus*, no dizer de Allan Kardec, em "A Gênese"[80].

Encarnou-se entre nós, de acordo com as leis naturais, vivenciou na carne a sua bondade e o seu amor, demonstrando, na prática, não ser a *"carne que é fraca"*, mas o Espírito que é, às vezes, atrasado e acomodado. E se não teve uma vida mais normal foi porque a sua missão era grandiosa e lhe tomaria todo o tempo possível.

Logo, é preciso ter cuidado para não tentar manipular a mensagem espírita, retalhando-a para acomodá-la dentro dos atavismos religiosos, ainda presentes em função das vivências anteriores, como fizeram os cristãos do século IV com o Cristianismo, desfigurando-o, a partir de então,

---

[80] KARDEC, Allan. - "A Gênese". Trad. Salvador Genfile, cap. XV, pág. 271 IDE, Araras:1992

pouco a pouco.

Jesus não sai diminuído, mas exaltado como criatura-exemplo do destino dado a todos nós pelo Criador.

É muito comum às pessoas que se iniciam no estudo da Doutrina dos Espíritos, a questão: E o Espírito Santo? O que significa para o Espiritismo?

Incialmente, a bem da verdade, preciso é tornar claro que não existe menção à figura do Espírito Santo nas escrituras, mas de *"um espírito santo"* ou *"um espírito 'bono'"*, que propositalmente, após a instituição do dogma em pauta, foi traduzido como *"o espírito santo"*.

Podemos, entretanto, considerar e associar a figura do Espírito Santo à falange dos Espíritos Puros, responsáveis pela disseminação do Bem entre os homens, em todos os tempos, em todas as latitudes e a todos os povos.

F) Espiritismo e Religião

Existe no meio espírita uma polêmica antiga, sobre a questão: *"É religião o Espiritismo?"*

O tema tem suscitado defesas ardorosas tanto dos que respondem afirmativamente quanto dos que defendem o seu oposto.

Mas será que esta é uma questão em aberto, sobre a qual o lúcido codificador absteve-se de comentar ou será que não está havendo extremismos apaixonados? Sabe-se que a paixão não é boa conselheira e costuma relegar a razão a um segundo plano, quando não a desconsidera

118 Evolução...

totalmente. Antes, porém, de desdobrarmos o pensamento do Mestre Lionês sobre o assunto, lembremos que os Espíritos Reveladores têm-nos esclarecido incansavelmente — seja nas obras da Codificação Kardeciana, seja nas diversificadas mensagens pelos médiuns contemporâneos — que a questão formal é exclusivamente da nossa alçada desde que compreendamos bem a essência do seu pensamento, o que significa que eles nos trazem **princípios**, enquanto nós providenciamos os **conceitos** (embora, em sua maioria, esses princípios já hajam sido codificados pelo bom senso de Kardec). Por outro lado, verifiquemos a etimologia da palavra **religião**. Segundo Santo Agostinho e São Jerônimo, o vocábulo teria sua origem no latim *religare*, quer dizer, **tornar a ligar** (unir o homem a Deus). Cícero, o grande orador da latinidade, imaginava-o derivado do latim *relegere*, que se traduz por **recolher, tratar com cuidado** (zelar pelas coisas de Deus).

Ora o Espiritismo é uma doutrina progressista, evolucionista, que tem por escopo maior libertar o homem da materialidade, descortinando-lhe os caminhos da felicidade, da perfeição, de Deus.

Mas consultemos o *"Novo Dicionário da Língua Portuguesa"*, de Aurélio Buarque de Holanda Ferreira, em seu verbete **religião** e obteremos as seguintes conceituações:

Francisco Cajazeiras 119

a) *"Crença na existência de uma força ou forças sobrenaturais, considerada(s) como criadora(s) do Universo..."*

b) *"A manifestação de tal crença por meio de doutrina e ritual próprios..."*

c) *"Virtude do homem que presta a Deus o culto que lhe é devido."*

d) *"Reverência às coisas sagradas."*

e ainda outras...

Depreende-se daí, que a palavra religião encerra vários sentidos, o que, parece-nos, podemos agrupar resumidamente em duas formas: a primeira, mais usual, implica em uma instituição organizada, com sua hierarquia, ritualística e dogmática formalizada e que, às vezes, pode mesmo confundir-se com o conceito de igreja; a outra, mais transcendental, menos palpável, reveste-se simplesmente da procura interior de Deus, influenciando o indivíduo a exercitá-la *"em espírito e verdade"*, promovendo o **religare** da criatura ao seu Criador.

Agora, sim, busquemos adentrar o pensamento kardeciano sobre o assunto. Perguntemos a Allan Kardec:

– Afinal, Mestre, o Espiritismo é religião?

E ouçamos sua resposta:

– *"Ora, sim, sem dúvida, senhores. **No sentido filosófico, o Espiritismo é uma religião** e nós nos ufanamos por isto, ..."* (grifos meus).

Johann Heinrich Pestalozzi, de quem Kardec foi

120   Evolução...

discípulo, costumava classificar as religiões em três tipos, como nos informa o Prof. J. Herculano Pires em seu livro *"O Espírito e o Tempo"* e a Profa. Dora Incontri, em seu livro *"Pestalozzi Educação e Ética"*: *"a animal* ou *primitiva*, a *social* ou *positiva* e a *espiritual* ou **moral** ", o que nos ajuda a entender porque Kardec preferia definir a Doutrina Espírita como *"uma ciência de conseqüências* **morais** *"* (grifos meus). A propósito do seu cuidado em não apregoar o Espiritismo como religião — o que justificaria para alguns a idéia contrária à condição religiosa do Espiritismo —, ele se explica:

*"Por que, então, declaramos que o Espiritismo não é uma religião? Porque não há uma palavra para exprimir duas idéias diferentes e que, **na opinião geral, a palavra religião é inseparável de culto;** desperta uma idéia de forma que o Espiritismo não tem"* (grifos meus).

Todas estas afirmativas do Codificador podemos encontrá-las em um discurso proferido por ele na abertura da *"Sessão Anual Comemorativa dos Mortos"*, na Sociedade Parisiense de Estudos Espíritas, no dia 1º. de novembro de 1868[81].

Receoso de tornar-me redundante, ante a imensa clareza das palavras do Mestre, concluo facilmente que o Espiritismo é religião no seu conceito mais abrangente, mais transcendental, à medida que promove ou facilita a

---

[81] **KARDEC, Allan** *in "Revista Espírita"*, **trad. Júlio de Abreu Filho, ano 1868, EDICEL.**

transformação moral do homem, tornando-o capaz de, melhor entendendo a si mesmo e à Divindade, mais e mais aproximar-se dela.

Diante de tamanha limpidez doutrinária, o que dizer dos que se obstinam em negar o aspecto religioso da Doutrina Espírita e dos que intentam transformá-la em mais uma religião social, da conceituação pestalozziana?!...

F) A Criação

Deus criou o universo de si mesmo, por um ato soberano da sua vontade onipotente.

Obviamente, que sendo finitos[82] e, ainda por cima, consideravelmente imperfeitos, temos todos nós imensa dificuldade momentânea para compreender a Divindade e seu *modus operandi* criativo. Apesar de tudo, com um esforço da razão, podemos perceber o que não se coaduna com a idéia de Deus e, até certo ponto, conjecturar-lhe as qualidades.

Sendo assim, não se pode conceber que essa Maravilhosa Inteligência e esse Amor Indizível, com todo o potencial criador que lhe é peculiar, tenha permanecido ocioso uma fração sequer de tempo, até porque para ele o

---

[82] É preciso salientar que eterno rigorosamente somente Deus o é, pois todos nós tivemos um princípio, embora não sejamos destruídos. Dessa maneira, podemos afirmar que o espírito é imortal, mas não eterno, embora aceite-se e seja corriqueira a utilização dos dois termos como sinônimos.

122   Evolução...

tempo não existe, quer dizer, ele é o criador do tempo. A Teologia Espírita, pois, afirma que Deus cria ininterruptamente e que o Universo é infinito, podendo mesmo falar-se em universos.

A propósito, podemos afirmar parafraseando Allan Kardec, no que diz respeito à cosmogonia mosaica, que o mito bíblico da criação em seis dias, com descanso no sétimo, consiste apenas em uma tentativa de esboçar, de maneira simples, as etapas do desenvolvimento geológico do nosso planeta, bem como do desabrochar e evoluir das múltiplas espécies de seres vivos, de forma que cada dia daqueles representaria, em verdade, um período astronômico.

Outro aspecto importante que nos aparece no estudo do Espiritismo, prova a indiscutível justiça divina, à medida em que não admite privilégios na criação, determinando que todas as criaturas fossem (e sejam) criadas simples e ignorantes (no sentido de não possuírem saber algum) e que recebam as mesmas possibilidades ao longo das suas diversificadas vivências e reencarnações. Os Espíritos Puros (Anjos), então, não foram criados perfeitos, mas, sim, já estiveram nos primeiros degraus da via evolutiva. Isto significa que todos alcançaremos este patamar evolucional, porque o alcançar da felicidade é lei universal, é vontade soberana de Deus, indiscutível e inflexível em seus fins, a despeito de sua notável elasticidade quanto aos meios.

Quando os Espíritos Reveladores afirmam que o Pai

Francisco Cajazeiras 123

Celestial criou o espírito e a matéria[83], determinando que aquele se relacionasse intimamente com esta para o seu desenvolvimento e arrematam que *"tudo se encadeia em a natureza, do átomo primitivo ao arcanjo, pois ele mesmo começou pelo átomo"*[84], daí se depreende que a vida palpita no universo inteiro, sob as mais variadas formas, em seus infinitos estágios.

Outro esclarecimento importante é que Deus não é verdugo nem carrasco, nem vingativo nem rancoroso. Criou, para acompanhar o nosso progresso as suas leis imutáveis, porque perfeitas, e por elas somos atingidos unicamente quando, por nosso livre-arbítrio, transgredimo-las. Quer dizer, Deus não castiga, permite que sejamos corrigidos pelo curso dos nossos desatinos para que se faça em nós o indispensável aprendizado para a cidadania cósmica, uma de nossas heranças. Não entendamos, no entanto, que Deus esteja distante de nós, ou esteja indiferente ao processo, pois ele nos vela a todos a cada momento.

Nosso destino é a felicidade verdadeira, aquela que poderemos conduzir em nós aonde formos, que não se deixa tisnar pela má vontade dos outros, que não se permite atingir pelas adversidades porque é uma manifestação

---

[83] KARDEC, Allan *in "O Livro dos Espíritos"*, trad. J. Herculano Pires, perg. 21 a 28, Ed. EME.
[84] KARDEC, Allan in "O Livro dos Espíritos", trad. J. Herculano Pires, questão 540: Ed.EME.

124 Evolução...

endógena do próprio Espírito, irradiando-se e podendo envolver e fortalecer por instantes aqueles que ainda não a possuem.

A felicidade é a marca compulsória do amor divino em nossa trajetória ascensional na escala espiritual[85]. Destarte, não existem penas eternas, como não existe o inferno, pelo menos da maneira como é concebido pela maioria das religiões tradicionais — região de eterno sofrimento e dor. Evidentemente, o Espírito imperfeito conduz consigo suas distorções com a Lei Divina e, desse modo, por onde andar vivenciará a dor, como também costuma, em função da lei de afinidades, reunir-se a grupos de outras entidades que se façam na sua sintonia, criando regiões de sofrimento coletivo, mas regiões **transitórias**, nunca eternas.

O Espírito, portanto, é de essência divina e está submetido a inexorável Lei do Progresso. O Criador quer que o Ser Espiritual que somos galguemos os patamares da escada evolutiva, mas permite, à mercê da sua bondade, participemos com a nossa cota no desenvolvimento dos dons com os quais nos dotou e que apenas vislumbramos sutilmente.

---

[85] **KARDEC, Allan** in *"O Livro dos Espíritos"*, trad. **J. Herculano Pires.** **questão. 100 e seguintes: Editora EME.**

6
CONCLUSÃO

●

1. Desde as mais remotas eras, vige no íntimo de cada criatura humana a idéia da imortalidade e da existência de Deus. Mesmo quando a sua capacidade abstrativa era decididamente ínfima, advinha-lhe, através da intuição essa sensação, esse sentimento religioso, esse trofismo pela transcendentalidade.

2. A razão de se encontrar grande variedade de

126 Evolução...

"*divindades*" em todas as épocas da existência humana e nas mais diversas latitudes planetárias é principalmente em decorrência das diferentes possibilidades de entendimento do Criador. Destarte, o ser humano representou-o ora pelos elementos da natureza, ora pelos próprios fenômenos naturais e, quando conseguiu perceber-lhe a individualidade, ainda assim, necessitou materializá-lo à sua condição animal, já que ele próprio— o homem — ainda mostra indiscutível dificuldade de perceber e entender a si mesmo, confundindo-se com a roupagem utilizada para a ação no ambiente formal da Terra, seu corpo orgânico perecível.

3. Os cientistas que até os séculos XVI cogitavam para as suas teorias a ação e a existência do Criador, em função do dualismo cartesiano e da mecânica newtoniana — embora estes não descressem em Deus —, passaram a adotar uma postura acintosamente atéia, partindo do princípio que não haviam encontrado as provas da existência da alma nem de Deus em suas pesquisas e, ainda, por considerarem perfeitamente dispensável a "hipótese" de Deus para a explicação de seu conhecimento acerca das leis físicas, químicas e biológicas.

Em nossos dias, delineia-se um retorno à conjectura da existência do Criador até mesmo para dar lógica a teorias cosmogônicas vigentes. É verdade que ainda há muitos cientistas que não aceitam lidar com a existência de Deus, mas, pelo menos, dizem-se agnósticos, ou seja, desconhecem-na (mas não a negam). Permutavam o

Francisco Cajazeiras 127

atéismo pelo agnosticismo.

4. Sob a óptica espírita Deus deixa de parecer ao homem um indivíduo prepotente, enciumado, incapaz de perdoar — ou em outras palavras, não mais assume a forma humana que lhe quiseram imputar. Apesar disso, não se apresenta incapaz de ser apreendido, como só ocorre nos casos de exacerbação mística, nos pensamentos metafísicos clássicos. É um ser individualizado, mas com características peculiares.

O Espiritismo faz-nos enxergar muito mais precisamente a grandeza do Pai — pelo menos até onde possa ir a nossa capacidade evolucional de compreendê-lo. Ele se nos mostra à compreensão muito mais capaz, muito mais amoroso, muito mais misericordioso. Findam-se o casuísmo, as preferências, os privilégios, as distorções, as injustiças...

Deus analisado sob a óptica da Doutrina dos Espíritos é bem aquele *"pai"* descrito por Jesus, imanente em nosso mundo, condutor das suas criaturas em todos os instantes, mas que deixa parte importante do nosso progresso espiritual atrelado à nossa ação, à nossa vontade, velando continuamente por cada uma de suas criaturas.

5. Pelo fato de incursionar nas estradas do conhecimento sobre Deus, afirmando-lhe e provando-lhe a existência, com bases na Lógica e na Razão. E porque aceita a revelação divina como forma importante de fazer chegar ao homem as informações sobre o transcendental, a despeito de não aceitar o sobrenatural como algo capaz

128 Evolução...

de derrogar as imutáveis leis regentes das relações entre o Criador e a criatura — e da criatura com o restante da criação —, não há como negar a existência da Teologia Espírita, embora — é bom que se esteja alerta —, esta não determine dogmas no seu sentido inquestionável e nem se sirva de teorias confusas e pouco compreensíveis, sendo a clareza o seu ponto forte.

A Teologia Espírita inaugura uma nova ciência de Deus, acessível a todas as pessoas, desarticulando a necessidade de iniciados esotéricos e de teólogos profissionais, especialistas pomposos e "proprietários" de Deus; intermediários especiais e exclusivos da vontade e do pensar divinos.

6. E exatamente pelo fato de proporcionar e facilitar ao ser humano o seu encontro consigo mesmo e conseqüentemente com o Criador, pode-se afirmar ser o Espiritismo religião, não no sentido social nem salvacionista nem exclusivista; não no sentido usual do vocábulo, mas religião em uma concepção mais abrangente que Kardec prefere chamar de **Moralidade**. Não se pretende a posse da verdade integral nem o proselitismo desenfreado, mas a conscientização dos princípios maiores e conhecidos da Imutável Lei de Deus.

Por isso mesmo, não possui o Espiritismo hierarquia ou organização sacerdotal, mas sim adeptos sabedores de suas limitações, conquanto ardorosos "pregadores", que por amor assim procedem. Não se remuneram os dirigentes, pregadores nem outros tarefeiros da Causa Espírita. Não se institucionalizam os rituais nem se adoram imagens nem se apegam a simbologias, mas se procura adorar a Deus *"em espírito e verdade"*. 7. Procedendo-se a uma análise retrospectiva sobre a idéia que o homem faz sobre a Divindade, vamos constatar o progresso intelectual da Humanidade, de vez que já é possível vislumbrá-La como a um ser verdadeiro e infinitamente maior que nós mesmos, e já vamos permutando o sentimento de pavor e aflição frente à Sua majestade, por um estado de entrega e confiança, conquanto nos quedemos, tantas vezes, extasiados.

As emoções que transbordam de nosso eu podem até ser traduzidas por lágrimas, mas de alegria, de contentamento e de reconhecimento pelo nosso existir.

Como a bruma que se esvanece ante a claridade solar nas manhãs da vida, entendemos que sofrimento, frustrações e desfalecimentos devem-se especialmente à nossa indolência e preguiça, bem como às nossas viciações e que poderia ser muito pior, se não contássemos com a Providência Divina a nos guiar pacientemente os passos e a minimizar as repercussões dos nossos próprios atos sobre nós mesmos, sempre que isso viesse a retardar o nosso caminhar rumo à Felicidade.

AGRADECENDO

●

Pai de Amor e Bondade, Inteligência Suprema do Universo, Causa Incausada de Todo o Existente. Deus, Doador da Vida. Fortaleza da minha insignificância. Sentimento dos meus arremedos instintivos. Esperança das minhas tibiezas e abrigo seguro da minha indigência. Companhia invariável e antídoto para minha solidão.

Quisera poder dizer-te da retidão das minhas ações e do desempenho benéfico das minhas funções. Falar-Te

132 Evolução...

do esplendor dos meus pensamentos e da universalidade do meu amor. Expressar-Te a beleza das almas imaculadas. Respirar-Te o hálito de sabedoria.

Pudera eu saber-me merecedor e fazer jus à confiança que em mim depositaram e depositam os Teus servidores maiores e mentores meus, transformando os ensinamentos agraciados através da Codificação Espírita, na Luz da Caridade que consola e asserena os corações dos aflitos, espargindo essa mesma luz, em Teu nome, com a potencialidade que me merecem os irmãos que colocaste em meu caminho.

Mas infelizmente, Senhor da Vida, a luz que possuo é de empréstimo e o amor que exercito ainda se ressente do egoísmo e do primitivismo dos sentimentos. Por isso, continuo carente confesso de constantes avaliações e reparos nas ações; e a depender inteiramente da Tua bondade e misericórdia para o desempenho das minhas responsabilidades, tendo em vista a pequenez do meu progresso anímico.

Apesar de tudo, eu não apenas creio em Ti, mas sei de Ti. Tenho a certeza do meu futuro e rogo-Te repletar-me das indispensáveis força e disposição para as operações que devo sustentar sobre mim e dos passos a tomar em favor dos necessitados, meus irmãos em humanidade.

Inspira-me para que possa convicto expressar a minha certeza na Tua bondade e na felicidade futura, junto àqueles que Tu me envias ao encontro. Mantém-me firme e resoluto no desiderato de levar a Tua bandeira de libertação a todos os que sofrem o pesado jugo da ignorância; o Teu lenço de consolo aos que aflitos buscam-Te em desespero; a candeia, mesmo débil, que possa servir de estímulo luminescente ao viandante das sombras.

Por tudo deixa-me agradecer-Te e adorar-Te em espírito e verdade hoje e sempre.

DADOS DO AUTOR

Francisco de Assis Carvalho Cajazeiras é médico clínico e cirurgião geral, em Fortaleza-CE, professor na Universidade de Fortaleza (UNIFOR) e Faculdade Integrada do Ceará (FIC). Conferencista com uma agenda com mais de 200 temas para palestras e cursos para as casas espíritas; tem participado de diversos Congressos. É fundador do Instituto de Cultura Espírita do Ceará, sócio-fundador e presidente da Associação Médico-Espírita do Ceará, ex-vice-presidente da Federação Espírita do Ceará.

135

BIBLIOGRAFIA

●

1. A BÍBLIA DE JERUSALÉM (NOVO TESTAMENTO E SALMOS). Edição Edições Paulinas, São Paulo-SP.
2. ARMSTRONG, Karen. – *"Uma História de Deus"*. Trad. Marcos Santarrita. Cia. Das Letras, São Paulo-SP.
3. BÍBLIA SAGRADA. Dicionário Prático. Trad. Pe. Antônio Pereira de Figueiredo. 1969. Ed. BARSA, Rio de Janeiro.
4. BÍBLIA THOMPSON. Trad. João Ferreira de Almeida, 3ª. edição. Editora Vida, Flórida-E.U.A.
5. BOZZANO, Ernesto - *"Povos Primitivos e Religiões Supranormais"*. Trad. Eponima Mele Pereira da Silva, Folha Espírita Editora Jornalística Ltda., São Paulo-SP.
6. CHALLAYE, Félicien. — *"As Grandes Religiões"*. Trad. Alcântara Silveira. IBRASA, São Paulo-SP.
7. CHASSOT, Attico. - *"A Ciência Através do Tempo"*. Editora Moderna, São Paulo-SP.
8. CHAUI, Marilena. – *"Convite à Filosofia"*. Editora Ática, São Paulo-SP.
9. DENIS, Léon. – *"O Gênio Céltico e o Mundo Invisível"*. Trad. José Jorge. CELD, São Paulo-SP.
10. DENIS, Léon. – *"O Grande Enigma"*. FEB, Brasília-DF.
11. DENIS, Léon. – *"O Porquê da Vida"*. FEB, Brasília-DF.
12. DESCARTES, René. – *"O Discurso do Método"*. Trad. João Cruz Costa. Ediouro, Rio de Janeiro-RJ.
13. DURKHEIM, Émile. — *"As Formas Elementares de Vida Religiosa"*. Trad. Joaquim Pereira Neto. Edições Paulinas.

136

14. FRANGIOTTI, Roque. – *"História da Teologia (Período Patrístico)"*. Ed. Paulinas. São Paulo.
15. GLOBO CIÊNCIA, Ano 4. Editora Globo, Rio de Janeiro-RJ.
16. INCONTRI, Dora. - *"Pestalozzi, Educação e Ética"*. Editora Scipione, São Paulo-SP.
17. KARDEC, Allan. – *"A Gênese"*. Trad. Salvador Gentile. IDE, Araras-SP.
18. KARDEC, Allan. – *"O Céu e o Inferno"*. Trad. Salvador Gentile. IDE. Araras-SP.
19. KARDEC, Allan. – *"O Evangelho Segundo o Espiritismo"*. Trad. J. Herculano Pires. EME, Capivari-SP.
20. KARDEC, Allan. - *"O Livro dos Espíritos"*. trad. J. Herculano Pires, EME, Capivari-SP.
21. KARDEC, Allan. - *"O Livro dos Médiuns"*. trad. J. Herculano Pires, EME, Capivari-SP.
22. KARDEC, Allan. – *"Obras Póstumas"*. Trad. Salvador Gentile. IDE, Araras-SP.
23. KARDEC, Allan. – *"Revista Espírita"*. Trad. Júlio de Abreu Filho, ano 1868: EDICEL, Sobradinho-DF.
24. MOTA JÚNIOR, Eliseu F. da – *"Que é Deus"*. Casa Edit. O Clarim, Matão-SP.
25. OSTRANDER, S. & SCHROEDER, L. – *"Experiências Psíquicas Além da Cortina de Ferro"*. Trad. Octávio M. Cajado. Cultrix, São Paulo-SP.
26. PIRES, J. Herculano. - *"Agonia das Religiões"*. Paidéia, São Paulo-SP.
27. PIRES, J. Herculano. – *"Concepção Existencial de Deus"*. Paidéia, São Paulo.
28. PIRES, J. Herculano. – *"O Espírito e o Tempo"*. EDICEL, Sobradinho-DF.
29. PIRES, J. Herculano. – *"Revisão do Cristianismo"*. Paidéia, São Paulo.
30. REZENDE, Antônio. – *"Curso de Filosofia"*, 5ª. ed. Jorge Zahar Editor/ SEAF: Rio de Janeiro-RJ.
31. SIMON, M. & BENOIT, A. – *"Judaísmo e Cristianismo Antigo"*. Trad. Sônia Maria S. Lacerda. Liv. Pioneira Edit. & Edit. Da Univ. São Paulo, São Paulo-SP.
32. XAVIER, Francisco Cândido & VIEIRA, Waldo/Diversos Espíritos. - *"O Espírito da Verdade"*. FEB, Brasília-DF.

Conheça também do mesmo autor

Depressão, doença da alma
As causas espirituais da depressão

14x21cm • 208 p.
Quatrocentos milhões de pessoas no mundo sofrem de depressão, apontam as estatísticas.
O que é a depressão? Como diagnosticar o mal? Quais as perspectivas futuras? Quais as possibilidades terapêuticas? É possível preveni-la?
Neste livro, o médico Francisco Cajazeiras procura responder a essas perguntas e esclarecer dúvidas sobre a doença, mergulhando nas suas causas mais profundas – as espirituais –, sem misticismo e sem apelar para o sobrenatural, senão para a lógica e o raciocínio.

Conheça também do mesmo autor

Existe vida... depois do casamento?

14x21cm •214 p.
Trata-se de uma obra com temas atuais e palpitantes, para os quais Cajazeiras traz as suas reflexões de médico, espírita e cidadão, neste início de milênio tão conturbado e tão carente de orientação espiritual. Fica claro que, num mundo, em que os conflitos se agigantam e a perplexidade moral gera intensa angústia existencial, o Espiritismo é a chave para a compreensão dos problemas que nos afligem e para a solução dos enigmas que nos torturam.

Conheça também do mesmo autor

O valor terapêutico do perdão

14x21cm • 128 p.

Este livro demonstra que a proposta de Jesus para o perdão incondicional não se restringe apenas à ordem ético-religiosa, não direciona suas investidas unicamente no terreno filosófico, mas abrange todas as áreas do conhecimento humano. O objetivo do médico Cajazeiras na obra é o de aliar os avanços da pesquisa científica à ação de perdoar, compondo-se assim uma espécie de terapêutica, apropriada à nossa saúde não apenas espiritual ou social, mas também mental e orgânica.

Conheça também do mesmo autor

Bioética
Uma contribuição espírita
13x18cm • 152 p.

Esta obra traz, numa linguagem acessível, uma resposta da Ética às novas situações oriundas da Ciência, à luz do Espiritismo, sobre as questões da morte, da eutanásia, do aborto, dos crimes hediondos, da clonagem, dos embriões congelados, dos transplantes de órgãos, do suicídio e das mudanças de sexo.

Conselhos de saúde espiritual
14x21cm • 160 p.

Estes CONSELHOS DE SAÚDE ESPIRITUAL oferecidos pelos bons Espíritos através da psicografia do médico cearense Francisco Cajazeiras, funcionam como verdadeira profilaxia da alma. É medicação para todas as horas, drágeas de equilíbrio e imunidade contra o desânimo, o estresse e a depressão.

Conheça também

O amor pelos animais
Ricardo O. Forni
• Doutrinário • 14x21cm • 176 p.

Esta obra aborda o intrigante assunto da alma dos animais, com esclarecimentos valiosos sobre diversos temas relacionados, utilizando-se de fatos extraídos de vasta bibliografia espírita. Com exemplos tirados do relacionamento de pessoas como Chico Xavier e Cairbar Schutel com os animais, explica como essas criaturas são dotadas de inteligência e sentimento, e capazes de grandes atos quando tratados com o respeito que merecem.

Criança quer saber...
Fátima Moura
• Infantil • 20.5x20.5cm • 108 p.

Este trabalho destina-se a esclarecer pais, professores e evangelizadores através das perguntas mais frequentemente feitas pelas crianças e que aqui são respondidas com base na Doutrina Espírita. Ideal para ser usado também no culto no lar ou em qualquer momento onde o estudo infantojuvenil espírita possa ser empregado de forma direta e objetiva.

Conheça também

Desistir da vida não é solução
Isabel Scoqui
• Autoajuda • 14x21cm • 136 p.

Isabel Scoqui recolheu dos livros de André Luiz os relatos que apresentam toda a dor causada pelo suicídio, nas suas mais diversas modalidades, e o longo trajeto que cada suicida deve percorrer para recuperar a oportunidade desprezada. E reforça que não estamos abandonados por Deus em situação alguma.

A oração pode mudar sua vida
José Lázaro Boberg
• Doutrinário • 14x21cm • 280 p.

Será que a oração pode mesmo mudar minha vida? Mas como? Esses e outros questionamentos são esclarecidos minuciosamente pelo autor Boberg, que consegue nos explicar, de uma maneira simples, como a oração pode nos favorecer no trilhar do caminho sinuoso da vida terrena. Sem dúvida alguma, uma obra esclarecedora e que acalenta nossos corações e nossas mentes.

Conheça também

Oração é luz
Armando Fernandes de Oliveira
• Preces e comentários sobre oração
• 14x21cm • 216 p.

Oração é luz é um livro de leitura simples, que toca o coração e a mente de todos que tiverem a ventura de usufruir de sua leitura. O autor, Armando Fernandes de Oliveira, tece comentários muito oportunos a respeito da prece, falando de sua eficácia e da necessidade que todo ser humano tem de se ligar ao Criador de todas as coisas, fazendo isso de maneira espontânea e sincera.

O sono e os sonhos
Severino Barbosa
• Estudo • 14x21cm • 144 p.

Temos realmente revelações durante o sono do corpo físico? E, durante este sono, é possível reencontrarmos conhecidos e afetos desta e de outras vidas? O que podemos trazer para nossa vida prática desses encontros noturnos? O autor responde a estas e outras intrigantes dúvidas sobre o sono e os sonhos.

Conheça também

Mensagens de saúde espiritual
Wilson Garcia e Diversos Autores
- Mensagem / Autoajuda
- 10 x 14 cm • 124 p.

A leitura (e releitura) ajuda muito na sustentação do nível vibratório elevado. Abençoadas mensagens! Toda pessoa, sã ou enferma, do corpo ou da alma, devia ter esse livreto luminoso à cabeceira e ler uma mensagem por noite.

Getúlio Vargas em dois mundos
Wanda A. Canutti
(Espírito Eça de Queirós)
- Romance mediúnico
- 16x23cm • 344 p.

Getúlio Vargas realmente suicidou-se? Como foi sua recepção no mundo espiritual? Qual o conteúdo da nova carta à nação, escrita após seu desencarne? Saiba as respostas para estas e outras perguntas, agora em uma nova edição, com nova capa, novo formato e novo projeto gráfico.

Não encontrando os livros da EME na livraria de sua preferência, solicite o endereço de nosso distribuidor mais próximo de você através do Fone/Fax: (19) 3491-7000 / 3491-5449.
E-mail: vendas@editoraeme.com.br – Site:www.editoraeme.com.br